Why not Change the World?

하나님의 완전한 지혜와 능력으로 계획하시고 이끄셔서 그리스도의 사랑과 겸손을 마음에 새긴 한동의 인재들이 정직과 성실로 세상을 바꾸고 있습니다.

제1회 한동대학교 재학생 간증수기 수상작

갈대상자에서
건진 보배

한동대학교 학부모 기도회 펴냄

JC커뮤니케이션

격 려 사

Handong – God's University

한동대학교는 하나님의 대학입니다.

하나님의 도를 따르는 사람들이 함께 모여 하나님의 이끄심을 체험하는 곳이 바로 한동대학교입니다.

한동대학교는 지난 1995년 개교 이래 27년의 세월 동안 숱한 고난과 역경의 세월을 견뎌왔습니다. 수많은 시련 가운데서도 잃지 않고 변치 않았던 것이 바로 하나님이 한동의 주인이시며 한동을 이끌고 가신다는 믿음이었습니다.

근래에는 지난 2017년에 발생한 포항 지진으로 인해 정말 엄청난 어려움과 시련을 겪었습니다. 그러나 그러한 상황 속에서도 하나님께서는 시련을 가장한 놀랍고도 큰 축복을 저희에게 주셨음을 고백합니다. 포항지진을 통해 한동은 더욱 하나가 되었고, 전 세계가 다시 한번 한동을 주목하게 되었으며, 지진 발생 후 약 20일 만에 학교가 정상화가 되는 놀라운 역사를 이끌어 주셨습니다.

복구 비용 마련에도 많은 어려움이 예상되었지만 예상했던 것과 달리 더 많은 것으로 마치 오병이어의 기적처럼 차고 넘칠 만큼 채워주셨고, 이후에 실시한 2018학년도 입시에도 전보다 더 높은 경쟁률과 우수한 학생들이 지원하는 쾌거를 이룩할 수 있었습니다.

이 모든 것이 하나님의 은혜요, 축복임을 다시 한번 고백합니다.

2020년 초, 전 세계는 예상치도 못했던 코로나19로 인해 팬더믹 상황에 빠지게 됩니다.

혼란의 시기에서 저희 한동은 지난 2017년 포항지진으로 인해 대면 수업이 불가능해진 시기에 도입한 온라인 학습 플랫폼을 이용하여 정상적인 학사 일정을 진행할 수 있었고 지난 한 해 동안에는 교내에 코로나19 확진자가 한 명도 발생하지 않는 놀라운 일을 경험할 수 있었습니다. 국내·외의 모든 대학 중에 한동대학교만큼 지난 2년의 팬더믹 기간동안 정상적인 학사 일정을 수행한 학교가 없을 만큼 한동은 하나님의 날개 아래 보호하심을 받았습니다.

이제는 어느덧 어엿한 청년으로 성장한 '청년한동'이 다시금 새로운 도약을 위해 나아가야 할 때입니다. 이러한 때에 학부모기도회에서 처음으로 주관해 주신 재학생 간증수기 공모전을 통해 수상한 학생들의 간증문을 이렇게 책으로 엮게 되어 너무나도 기쁘고 또한 감사를 드립니다.

한 사람, 한 사람 학생들의 간증 수기를 읽다 보니 지난 세월 한동을 지켜주신 하나님의 놀라우신 은혜와 축복을 정말 가슴 깊은 곳에서 느낄 수가 있었습니다. 또한 앞으로의 청년 한동이 더욱 성장해 나갈 수 있다는 믿음을 얻을 수가 있었습니다. 한동의 학생들은 참으로 이 세상을 변화시킬 수 있는 하나님의 사람이요, 보배입니다.

학문적 탁월성을 가지고 이웃과 세계의 문제를 함께 고민하며 해결하기 위해 노력하는 국제화된 인재로 성장해 나가는 한동의 학생들에게 인성과 영성은 그 토대이자 밑바탕이 되어야 할 것입니다. 특히 하나님을 사모하는 성숙한 신앙을 통해 만들어진 영성과 인성을 기초로 교육받은 한동의 학생들이 바로 이 시대의 희망입니다.

아무쪼록 간증 수기로 참여한 모든 학생들에게 다시 한 번 감사와 격려의 말씀을 전합니다.

더불어 수상을 통해 간증 수기집에 글을 싣게 된 학생들에게는 축하의 말씀을 전합니다.

무엇보다도 이와 같은 공모전을 기획해 주시고 하나하나 세심하게 평가해 주시고 책으로 까지 준비해 주신 이정필 학부모기도회 회장님을 비롯한 학부모기도회 임원진 모두에게 감사의 말씀을 드립니다. 뿐만 아니라 지난 8년동안 저와 함께 동역해 주신 모든 학부모기도회 회원 분들께도 진심으로 감사드립니다.

나아가 오늘의 한동이 있기까지 지켜주신 하나님 아버지께 이 모든 영광과 찬송을 올려드립니다.

2022. 1.

한동대학교 총장 장순흥

발 간 사

　　'하나님의 은혜로 한동이 만들어 가는 나'라는 주제로 재학생을 대상으로 공모한 간증수기의 당선작 15편을 엮어 책으로 출판하게 되었습니다.

　　한동에 들어와 생활하면서 변화된 우리 자녀들의 모습을 널리 알려주시고, 계속 기도부탁드립니다.

"한동이
세계 열방 앞에서
하나님의 기쁜 이름이 될 것이며
찬송과 영광이 될 줄 믿습니다.
한동에 있는 새벽이슬같은 주의 청년들이
주께 나와 창조주 하나님을 기억하고,
말씀을 지켜 그의 행실을 깨끗하게 하며,
청년의 정욕을 피하며 강하게 되고,
하나님의 말씀이 그 안에 거하시며,
흉악한 자를 이길 줄로 믿습니다."

이번 간증공모로 한동의 지경에서 우리 자녀들이 어떻게 지내고 있는지 속을 들여다보는 기회가 되었습니다. 한동 안에서 믿음으로 살아내려 애쓰는 삶의 모습을 깊숙이 들여다보고 우리 학부모도 많은 도전과 은혜를 받았습니다. 한동이 많이 변했다고 하지만, 여전히 하나님께서 우리 자녀들에게 도전과 기회를 주셔서 삶을 변화시키시고 있다는 것을 확인하고 하나님의 은혜에 감사할 수밖에 없었습니다.

'줄탁동시(啐啄同時)'

알에서 깨어날 때 병아리는 안에서 쪼고 어미 닭은 밖에서 쪼며 돕는다는 말이 있습니다.

한동에서만 볼 수 있는 새섬, 팀원, 교수님, 선후배의 도움, 그리고 찬양과 기도와 예배를 통해 믿음 안에서 몸부림치는 우리 자녀들이 한동인으로 세워지는 모습을 흐뭇하고 대견하게 바라보면서, 전국과 해외의 70여개 팀의 학부모기도회 학부모들도 줄탁동시처럼 기도로 주님께 계속 간구합니다.

우리 자녀 모두가 인격적으로 하나님을 만나 하나님을 간증하는 주인공이 되기를 계속 기도합니다.

그리하여 한 사람도 빠짐없이 세계 열방 앞에서 선교하는 주님의 기쁜 이름이 되고, 전문지식을 가지고 믿음 위에 정직과 성실로 세상을 바꾸는 한동인이 되기를 여전한 방법으로 여전히 모여 주님께 간구합니다.

아직도 하나님의 사랑을 느끼지 못하고, 때론 외면한 채 어두운 그늘에 가려지거나 숨어 있는 우리 자녀들이 있다면 주님께서 직접 만나주시고 인도해 주시기를 간절히 구합니다.

"하나님의 도를 따르는 사람들 여기 모였네, 두 손 들고 그분의 이끄심을 체험하는 한동대학교"

한동대학교 로고송이 말하듯 하나님의 인도하심을 강력하게 체험하는 한동대학교의 구성원인 학부모기도회 학부모로서 기도할 수 있는 기회주셔서 오히려 감사할 뿐입니다.

참여한 모든 재학생 여러분께 감사하며, 다음 기회에 한동인 모두가 간증의 주인공이 되기를 소원합니다.

한동대학교 학부모기도회 회장

S UNIVERSITY

제1회
한동대학교
재학생 간증수기
수상작 모음집

갈대상자에서 건진 보배

목 차

먹이시고 입히시는 은혜의 여정

김은지 (17, 국제지역학 & 국제개발협력)

한동대에 재학 중 하나님께서 저의 삶에 어떻게 동행하시고, 저를 다듬고 성장시키셨는지 '부르심과 비전', '여호와 이레', '관계와 공동체'라는 키워드로 전적인 하나님 은혜의 이야기를 나누고자 합니다.

[부르심과 비전]

저는 작은 시골교회 목회자 자녀(PK, Pastor Kid)입니다.

하나님을 만나기 전 저의 삶의 목적은 "열심히 살아서 부자가 되어 부모님께 효도하는 삶, 풍요롭고 안정적인 삶을 살자"였습니다. 친구들과의 관계에서 가난으로 인한 상처가 많았기 때문입니다.

하지만 하나님께서 저를 얼마나 사랑하시는지, 저를 위

해 어떤 값을 지불하셨는지 그런 하나님을 인격적으로 경험한 이후에 삶의 목적이 바뀌었습니다.

그리고 부모님의 섬기는 모습을 보며 더욱 그러했습니다.

아버지께서 목회하시는 교회는 10여년이 넘도록 새 신자가 한 명도 없고, 연로하신 성도님 몇 분을 섬기는 시골의 외곽에 있는 교회입니다. 그럼에도 부모님께서 성도 한 명 한 명을 귀히 여겨 병원에 모셔다 드리며, 직접 요리를 해서 가져다 드리고, 치유를 위해 기도하며, 세심하게 성도를 돌보는 모습을 보며 "한 영혼이 천하보다 귀하다"는 것을 배울 수 있었습니다. 그래서 저는 잃어버린 영혼을 주님께로 인도하는 사역 특히 '선교사'가 돼야겠다고 생각했습니다.

이 천국 복음이 모든 민족에게 증언되기 위하여 온 세상에 전파되리니 그제야 끝이 오리라(마24:14)

예수님께서 다시 오시기 위해서는 모든 민족(People Group)에게 복음이 전해져야 한다는 말씀을 보며 목회보다는 선교사 특히, '미전도 종족(Unreached group) 선교사'로 살아야겠다는 다짐을 하게 되었습니다. 복음화율 5%미만 혹은 그들 스스로가 자발적이고 자생적으로 교회를 세울 수 없는 그룹인 이들을 어떻게 섬겨야 생명 되신 예수 그리스도로 돌아올 수 있을지에 대한 고민을 하게 되었습니다. 그러다 발견한 말씀이 있습니다.

예수께서 이르시되 갈 것 없다 너희가 먹을 것을 주라(마태복음 14:16)
일어나라 빛을 발하라 이는 네 빛이 이르렀고 여호와의 영광이 네 위에 임하였음이니라(이사야 60:1)

첫 번째 말씀은 예수님께서 오병이어의 기적을 베푸실 때 제자들에게 하신 말씀입니다. 많은 미전도 종족 그룹에 속한 곳은 주로 개발도상국에 위치하고 있으며, 그들의 삶은 하나님의 자녀로서의 삶이라기보다는 기아와 빈곤, 굶주림과 열악한 위생시설, 빈곤으로 인해 받지 못하는 교육 등 아픔으로 가득 차 있습니다.

또한 두 번째 말씀처럼 그곳에서의 그들의 삶에는 전기가 들어오지 않고 예수그리스도의 빛이 비추어지지 않는 곳입니다.

"은지야, 네가 가서 그들에게 먹을 것을 주지 않으련? 그들의 삶에 생명의 빛인 나를 주지 않으련? 나와 함께 가지 않겠니?"

"예, 주님! 제가 그 길을 주님과 동행하기 원합니다."

이러한 고백 속에 선교사적 삶을 살아가기 위한 저의 비전과 부르심은 '전문인 선교'였습니다. 그래서 고등학생 시절 파푸아뉴기니와 교류하며, '성경번역 선교사'이자 '국제개발전문가'가 되는 꿈을 키웠습니다. 이 나라는 언어가 약 900개가 넘고 선교학적으로 의미를 지녔다고 알고 있기 때문입니다.

마침내 주님께서는 저를 한동으로 부르셨습니다.

이후 저의 한동에서의 시간은 기적과도 같은 만남의 연속이었습니다.

1학년 때 팀 교수님은[1] 경영경제학부 성현모 교수님으로, 파푸아뉴기니에서 8년 동안 신약성경을 완역한 성경번역 선교사로 헌신하셨던 교수님이셨습니다. 하나님 안에서는 우연이란 없고 저를 분명하게 한동에 부르시고 인도하심을 느낄 수밖에 없었습니다. 교수님과 사모님께서는 저를 아껴주시고 성경 번역 외에도 다른 길로 섬길 수도 있을 것이라며 다양한 가능성을 열어 놓으라고 격려해 주셨습니다. 그래서 저는 기도했습니다.

> 1) 한동대학교의 팀제도는 학년과 전공을 불문하고 교수님과 30명의 학생들이 한 팀을 이뤄 1년 동안 가족처럼 생활하는 공동체로 한동대학교의 특징 중의 하나이다.

"주님! 제가 나아가야 할 분명한 부르심의 길을 가르쳐주세요. 또한 제게 당신의 눈을 허락하여 주시고, 마음을 허락하여 주시며, 선교지를 직접 밟을 수 있게 해 주세요"

이러한 기도의 응답으로 저는 1학년을 마치고 겨울 방학 때 'FRon'[2] 라는 국제지역연구소 산하의 마민호 교수님께서 지도하시는

2) Field Research for other need's

선교 지역 연구 공동체와 함께 인생 첫 선교지로 향하게 되었습니다.

저희가 리서치한 종족은 '스리랑카'의 'Vedda'라는 종족이었습니다. 정치, 경제, 사회, 문화, 종교, 생활, 기독교의 영역으로 그 종족이 복음화 되지 못하는 이유에 대해서 치열하게 고민하며 기도하고 리서치하며 10일 동안 국내 합숙을 했습니다.

그런데 스리랑카로 가는 날 공항으로 가던 중 저는 걷기 어려울 만큼 크게 넘어졌습니다. 응급실로 실려 가며 '갈 수 있을까?'라는 고민을 하게 되었습니다. 리서치 선교의 특성상 여러 곳을 계속해서 돌아다니며 선교지의 사람들을 만나고 이야기를 들어야 하는데, 치명적인 일이 저에게 일어난 것입니다.

그럼에도 불구하고 저와 저희 팀은 가기로 결정하였습

니다. 주님께서 부르시는 땅과 그 종족에 대한 하나님의 마음을 알고 기록하길 원했기 때문입니다.

도착해서 본 선교지의 모습은 너무나 비참했습니다. 공립학교이기 때문에 교육비가 들지 않아도 버스비와 식비가 없어 아이들이 학교에 가지 못하고, 코끼리가 옥수수 밭을 다 망가뜨려 당장 먹을 것이 없는 모습을 보았습니다. 약품이 보급 되지 않고, 병이 들면 우상숭배를 하며, 스스로를 불에 태우는 의식을 치루기까지 하는 모습을 보았습니다.

그때 제 안에 그런 물음이 생겼습니다.

"왜 이렇게 살아가는 것일까? 이들을 어떻게 책임져야 할 것일까? 이들에게 어떻게 하면 생명 되신 예수 그리스도를 전할 수 있을까?"

저는 이런 궁금증을 간직한 채 학교로 돌아왔고, 2학년 때 1전공인 국제지역학을 공부하다가, 기아와 질병, 교육 등을 해결하기 위해 국제개발협력을 공부하게 되었습니다. 제게 보여주신 그들을 '책임'지기 위해, 그들에게 먹을 것을 주고 주님과 함께 동참하기 위해 '국제개발협력' 분야에서 일하는 전문인 선교사로 살고 싶다는 구체적 소망이 생겼습니다.

따라서 3학년 2학기에 '국제개발협력'이라는 주제로 공부하고자, 전공과목으로 '학생설계'[3]를 하게 되었습니다. 그리하여 저는 전공에 구애받지 않고 국제개발이라는 이슈를 다루는 모든 과목을 넘나들며 공부하게 되었습니다.

그 이후 '신앙'과 '학문'의 융합을 통해 '선교'하고자 하는 한동의 가치를 뼛속 깊이 새기며 지금도 밤을 밝히고 있습니다.

[여호와 이레]

저는 시골교회 목회자 자녀로서 가정형편은 넉넉하지 않았습니다. 등록금과 기숙사비는 물론 생활비도 마련하기 쉽지 않은 재정 상황이었습니다. 하지만 신실하신 하나님께서는 공급하시는 아버지로 지금까지 저를 한동에서 먹이고 입히셨습니다.

지난 8학기 동안 전액 장학금을 타도록 길을 만들어 주셨습니다. 뿐만 아니라 '여호수아 장학금'[4]을 지난 8학기동안 한 번도 빠짐없이 한 학기에 60만원씩 받게 하셨습니다.

이밖에 다른 장학금도 이중으로 받게 되어 한 학기에 총

100만원의 생활비 장학금을 받았습니다. 덕분에 저는 부모님께 용돈을 타지 않아도 생활할 수 있었고, 오히려 저보다 더 부족한 친구들을 섬길 수 있었습니다.

그 외에도 이벤트 당첨이나 공모전 입상 등으로 단 한순간도 빠짐없이 주님께서 공급하심을 경험하였습니다. 그렇기에 저는 이런 믿음이 생겼습니다.

"나보다 어려운 주의 자녀를 돌볼 때 주님께서는 더 큰 재정을 나에게 허락하신다"

그렇기에 저는 2, 3학년 때 끝시간 공동체[5]와 함께 필리핀 선교지를 방문한 적이 있었는데, 그때 만난 공동묘지에서 사는 아이의 교육비를 후원하고 있으며, 어려운 친구들에게 자주 밥을 사주고 섬기는 선배가 될 수 있었습니다.

저는 어렸을 때 제 생일 케익을 먹어보지 못했을 정도로 가난한 환경이었지만, 지금은 여호와 이레의 주님께서 '섬길 수 있는 재정'을 허락하여 주셔서 감사할 뿐입니다.

5) 끝시간 예배는 1998년에 학생들에 의해 자발적으로 시작된 중보기도모임으로 하루의 끝을 하나님께 고백하는 마음으로 매일 밤 9시에 찬양과 기도로 드리는 예배를 말하는데, 끝시간 공동체는 이 예배를 섬기는 팀으로 한동대학교에만 볼 수 있는 공동체이다

[관계, 공동체]

저는 8학기 중 6학기를 건반 반주나 리더로 '끝시간예배'

를 섬겨왔는데, 이는 언제나 저에게 'Blessing'이었습니다.

먼저는 한동을 위해 중보기도 하며 한동에 눈물과 기도로 씨앗을 뿌릴 수 있었다는 것입니다.

두 번째로는 제가 평생 함께 할 수 있는 가족과 같은 동역자들을 만난 것입니다. 그들과 함께 예배하고, 교제하는 가운데 어렸을 때 따돌림을 받았던 상처를 예수그리스도의 사랑 안에서 회복하게 되었습니다.

마지막으로 '자리를 지키는 믿음과 고난을 통한 성장'을 경험하게 된 것입니다. 끝시간공동체는 예배가 회복되도록 주님께서 쓰시는 '심장'과 같은 예배 공동체입니다.

코로나 19로 인해 2020년도 1학기에 학교에 오지 못하였을 때에도 'ZOOM'을 통해 매일 밤에 함께 모여 기도했습니다.

또한 2020년도 2학기에 사회적 거리두기 3단계로 인해 팀기도회, 채플, 강물예배 등 예배를 드릴 수 없을 때에도 주님께서는 끝시간예배를 개강하는 날부터 드릴 수 있게 하시고, 한 학기 동안 멈춰있던 한동의 예배가 다시 회복되는 것을 보여주셨습니다.

끝시간 예배의 한 요일을 맡은 리더로서 멈춰있던 예배를 다시 드리기 위해 처리해야 했던 행정절차상의 일들, 매번 눈물 흘리며 예배를 준비했던 시간들, 기도의 시간들, 그 안

에서 겪어야 했던 크고 작은 갈등들과 아픔들은 오직 주님께
서만 아십니다. 힘들었습니다. 버티지 못할 것 같을 때도 있었
습니다.

그럼에도 불구하고 주님께서는 저를 택하여 주시고 깨
진 질그릇 같은 저에게 '예수 그리스도'라는 보배를 담을 수
있는 그릇으로 성장시키시고 사용하셨습니다.

부족하고 연약하여 넘어지기도 했지만, 제가 그 시간을
인내로 버텨내며 고백 한 것이 있습니다.

"주님, 저는 탁월하지 못합니다. 많이 부족합니다. 그럼에도
불구하고 당신을 향한 나의 마음(Heart)만은 진심입니다."

이 고백을 기뻐하시며 받으시는 주님을 바라보며 지금
까지 달려왔습니다.

저는 Blessing이 '축복'이라는 형태로만 오는 것이 아니라
고 생각합니다. 고통과 좌절이라는 형태일지라도 여전히 역
사하시는 하나님을 신뢰함으로 매 순간 주님 앞에 서는 것이
고, 회복케 하시는 주님을 보는 것이라 생각합니다.

이 모든 것이 다 은혜입니다. 제 삶의 1분 1초도 빠짐없
이 주님은 은혜의 여정을 함께하셨고, 예수그리스도를 닮고

따르게 하셨습니다.

선교사를 꿈꾸는 제게 주님께서 주신 말씀을 믿고 살아
내려 합니다.

> 내가 네게 명령한 것이 아니냐 강하고 담대하라 두려워하지
> 말며 놀라지 말라 네가 어디로 가든지 네 하나님 여호와가 너
> 와 함께 하느니라 하시니라 (여호수아 1:9)

아멘!

한동 – 하나님을 만나는 통로
하나님! 5번 수술을 받았어도 감사합니다

차찬민(16, 기계제어)

제가 한동에 처음 1학년으로 입학하던 때가 엊그제 같은데, 이제 4학년 2학기를 다니고 있어 졸업이 얼마 남지 않아 시간이 참 빠르다는 생각이 듭니다. 학교를 지나다니면 곳곳에 추억들이 묻어 있어서 옛날 생각을 하면서 자주 웃곤 합니다. 하루하루가 아쉽고, 길을 가다가 아는 사람들을 만나면 애틋하고 그렇습니다. 군 복무시간까지 6년이라는 시간 동안 저는 참 많이 달라진 것 같습니다. 이제 더 이상 하나님이 원망스럽지도 않고 좌절하지도 않습니다. 감사하게 하루하루를 보내고 있습니다. 저는 제 삶을 하나님께서 인도하고 계시다고 믿습니다. 그렇기 때문에 희망이 있습니다.

"제 인생에 대체 하나님은 어디에 계신가요?"

이 질문이 저의 삶에 있어서 가장 큰 질문이었습니다.

저는 한 때 저희 집이 모든 목회자 가정 중에 가장 불행할 것이라고 생각했으며 하나님께서 계시다면 하나님밖에 모르는 어머니 아버지 그리고 우리 집에 이런 일을 겪게 할 수는 없다고 생각했으며, 그랬기 때문에 하나님은 계시지 않다고 생각했습니다. 한동에서 찾은 제 변화의 이야기가 힘든 시간 속을 걸어가고 계신 누군가에게 위로와 힘이 되기를 바랍니다.

제 인생에서 가장 큰 후회는 저보다 한 살 많은 친형을 참 많이도 미워했다는 점입니다. 형이 하늘나라로 떠난지 8년이 지난 지금도 매일 후회하고 있습니다. 저는 어렸을 적부터 성격도 밝고 주변에 친구들도 많았지만 형은 소극적이고 사람들 앞에서 당당하게 말하는 것을 두려워했습니다. 그런 형을 저는 부끄러워하고 싫어했습니다. 손을 내밀어 주기는커녕 모른척하고 말도 걸지 않았습니다. 저는 정말 나쁜 동생이었습니다. 그런 형에게 갑작스럽게 마음의 병이 찾아와 환청을 듣고 집에서 소리를 지르고 괴로워할 때 저는 방에서 충격을 받아 혼자 눈물을 흘리며 형이 무슨 병인지 열심히 알아보았습니다. 검색해보니 조현병 이었습니다. 계속해서 증상이 심해지는 형을 보면서 "그동안 내가 가족을 챙기지 못했다. 형이 참 불쌍하다. 이젠 앞으로 잘해줘야겠다"고 결심했습니다. 그리고 결심한 뒤 며칠 지나지 않아서 형은 하늘나라로 떠났습니다. 저는 바로 하나님께 어떻게 이럴 수 있냐고 원망과 비난을 했습니다. 항상 인자하신 아버지께서 그렇게 슬퍼하시는 모습은 살면서 처음 봤습니다. 형의 마지막 모습을 보셔야 했던 어머니는 평생 아파하며 한이 맺히셨습니다.

저희 가정은 다른 사람들이 보기에 꽤 훌륭하고 존경스러운 가정이었는데, 이 하나의 사건으로 저희 가족의 행복과 품위는 통째로 날아가게 되었습니다. 아버지는 목회를 그만둘까 고민하시고, 집에 가면 흐느끼는 울음소리밖에 들리지 않고 부모님께서는 서로 다투는 일이 잦아지며 날이 선 대화들을 하셨습니다.

저는 그런 부모님께 형이 천국에 갔다고 믿으면 좌절하지 말고 약한척하지 말고 사람들 앞에서 당당해야 한다고 화를 냈습니다. 그리고 저는 형처럼 조현병으로 고통을 받는 사람들을 치료하는 사람이 되어야겠다고 정신과의사가 되기 위해 공부를 시작하게 되었습니다. 살면서 공부를 제대로 해본 적이 없었는데, 고등학교를 졸업하고 나서 재수를 할 때 처음으로 공부를 하게 되었습니다. 정말 최선을 다해서 공부했습니다. 문과에서 이과로 바꾸어서 재수했고, 모르는 것도 공부를 하는 방법도 몰라서 수많은 시행착오를 겪었으며, 눈이 떠있는 시간에는 계속해서 공부를 하면서 힘이 들 때도 많았지만, 소중한 사람을 소중하게 대하지 못했다는 죄책감이 펜을 계속해서 잡고 머리로 공부를 하게 하였습니다. 그리고 엄청난 성적향상이 있었습니다. 재수학원 반에서는 수능 성적으로 1등을 했었고, 주변 친구들과 학교의 선생님들 모두 깜짝 놀랄만한 성적을 얻게 되었습니다. 공부에는 자신감이 붙어서 이제 1년만 더하면 진짜 갈 수 있겠다는 생각이 들어서 희망이 있었습니다. 저는 그로부터 매일매일 거의 말도 없이 공부에만 열중했습니다. 독학으로 공부를 하면서 매일 밤늦게 독서실에서 돌아오면서 목표를 향해 달렸습니다. 성적은 계속해서 올랐고, 모의고사 점수는 만족스러웠습니다.

그런데 최종적으로 수능에서 원하는 성적보다 한참이 낮은 성적을 받았습니다. 노력이 부족했던 것인지 실력이 부족했던 것인지 재능이 부족했던 것인지 무엇을 탓으로 돌려도 의미가 없어 눈물이 났습니다. 최선을 다한 것 같은데 되지 않았기에 더욱 더 슬펐습니다. 이렇게 열심히 해도 해낼 수 없는 것이라면 일 년을 더해도 안 될 것 같다는 생각이 들었습니다. 주변 사람들은 그래도 제가 이런 성적을 받는 것 자체가 너무너무 고생했다고 대단하다고 위로해 주었지만, 제가 살면서 가져본 가장 큰 목표이자 최선을 다해 노력한 부분이었는데 하나님이 너무 원망스러웠습니다.

그리고 결국 하나님이 계시다면 저한테 이럴 수는 없다고, 하나님 열심히 믿으며 살았던 우리 가족한테 이럴 수 없다고, 저는 두 사람의 몫을 살아야 하는데 실패와 좌절만 주는 하나님 같은 것은 없다고 생각했었습니다.

의대가 아닌 대학은 저에게 아무런 관심도 의미도 없어서 거의 포기하고 있던 와중에 부모님의 간곡한 부탁으로 한동대학교에 입학원서를 넣었습니다. 그게 저와 한동의 첫 만남이었습니다.

한동에서의 첫 인상은 제게 따뜻함이었습니다. 면접을 보는 과정부터 한스트까지, 처음 만나는 모든 한동의 사람들은 제게 친절했습니다. 아직도 분위기가 생생합니다. 만났던 선배, 만났던 장소들을 기억합니다. 마치 만나는 사람들이 사전에 그렇게 하기로 약속한 것처럼 모두 비슷한 느낌을 받았습니다.

하지만 저는 그 당시에 단단히 꼬여 있어서 그런 사람들을 보면서 마음속으로 고생 없이 행복하게 자라 그렇게 다른 사람들을 대할 수 있다고 생각했습니다. 겉으로는 표현하지 않았지만, 마음속에는 화가 가득했습니다. 하지만 저에게 다가와준 다른 사람들은 참 따뜻했습니다.

한동에서의 두 번째 인상은 위로였습니다. 좋은 팀교수님, 새내기팀을 만나서 저도 모르게 마음이 어느 정도 누그러지고 웃는 일들이 많아졌습니다. 따뜻함을 따뜻함이라고 부를 수 있는 이유는 다른 사람의 차가운 마음을 녹이기 때문인 것 같습니다. 사람들의 선한 웃음에 또 선한 태도에 저는 점차 학교에 잘 적응해가고 있었습니다.

팀기도회 시간에 평소에는 고생을 하며 살지 않아서 온실 속 화초라고 생각했던 사람들이 각자의 아픔들을 공유하며 같이 그 기도제목으로 기도를 했습니다. 평소에는 해맑게 걱정이 없는 듯하며 사는 사람들이 쉽지 않은 삶을 살아가고 있었다는 것을 깨달았습니다. 팀 사람들은 다른 사람들의 아픔을 듣고는 같이 슬퍼하며 눈물을 흘렸습니다. 진심으로 다른 사람의 슬픔에 같이 슬퍼해주었습니다. 그리고 마지막으로 제 이야기에도, 팀 사람들은 진심으로 같이 슬퍼하며 기도해주었습니다. 그때 저는 살면서 가장 큰 위로를 받았습니다.

그러나 저의 삶의 고난은 그것이 끝이 아니었습니다. 학교를 제대로 다니고 싶었지만 제가 스무살 때부터 시작된 지병인 폐기흉이 재발되었습니다. 예고가 없이 갑자기 숨이 잘 쉬어지지 않고 호흡을 할 때마다 매우 고통스러운 병이었습니다. 양덕에 있는 병원에서는 기흉인 것 같으니 대학병원에 가서 제대로 된 검사와 수술을 받으라는 것입니다. 눈앞이 캄캄했습니다. 스무살부터 갑자스럽게 시작된 기흉이었는데, 매우 고통스러운 두 번의 수술을 이미 했었는데, 또 다시 고통스럽게 재발을 하게 되었다는 것이었습니다.

그렇게 또다시 입원을 하고 수술을 하고 병원에서 고통에 괴로워해야 하는 상황이 되었습니다. 진통제에 취해서 누워있을 때, 저는 또다시 좌절에 빠졌습니다.

"왜 나의 인생은 원하는 대로 되는 것이 하나도 없지? 하나님은 도대체 어디에 계시지? 언제까지 내가 아파야하지?"

궁금했습니다. 처음에는 제가 너무 죄를 많이 지어서 벌을 받는 것이라고 생각했습니다. 하지만 너무 견디기 힘들었습니다. 계속되는 재발로 의사선생님께서도 당황하셨고, 이제 더 심한 약을 사용할 테니 이제 교통사고가 나서 폐 수술을 해야 할 상황이 되면 수술이 어려워질 수 있는데 사인을 해달라고 말씀하셨습니다. 그렇게 제 마음속 불안과 어둠은 더욱 더 짙어져 갔습니다.

그러나 하나님께서는 사람들을 통해서 또다시 희망을 보여주셨습니다. 병원에 있는 동안 내가 원래 교회를 다니지 않지만 오늘 찬민이를 위해서 기도했다고 보고 싶다고 연락해준 팀 형, 힘내라고 기도하고 있다고 성경말씀을 보내준 팀 누나, 오늘 팀모임 때 이러이러한 것을 했다고 찬민이가 없어서 아쉬웠다고 말해준 새내기 동기, 오늘 제가 꿈에 나왔다고 정말 꼭 건강하게 다시 만날 수 있기를 기도했다던 새섬 형, 팀 사람들의 응원의 메세지가 적힌 긴 롤링페이퍼를 가지고 분당으로 병문안을 오신 교수님, 제가 슬픔에 빠져서 분노와 좌절로 들어갈 때, 거기에서 꺼내준 사람들은 다름 아닌 저의 팀 사람들이었습니다. 평생 잊지 못할 것 같습니다. 5년이 지난 지금도 저는 그 때에 받은 사랑과 추억을 의지하고 삽니다.

저는 아무것도 한 것이 없었습니다. 학교에 새내기로 들어왔을 뿐, 그런데 저에게 다가와 준 사람들은 사랑이 무엇인지 보여주었습니다. 자격 없는 사람에게 사랑을 베풀어준 팀 사람들과 친구들을 통해서 저는 예수님의 마음을 느꼈습니다. 그렇게 저는 수술을 마치고 학교에 돌아와서도 또다시 재발을 두 번 더 하여 2학년까지 수술을 총 다섯번 받았습니다.

한번은 수술 후 만신창이가 된 몸으로 학교에 돌아와 재발이 될까 두려워 불안해하면서 학교를 다니다가 또다시 숨을 쉴 때 바늘로 찌르는 것 같은 고통이 찾아와 병원에 가니 재발 판정을 받고 다시 서울로 올라가야 했습니다. 입원하면 밥을 제대로 먹지 못하니까 서울로 올라가기 전에 학생회관에서 홀로 밥을 먹으며 끙끙대며 눈물을 흘렸던 기억이 있습니다.

얼마 지나지 않아 새내기 동기들이 왔고, 김기호 목사님과 함께 저를 위해서 기도해주었습니다. 병실에 누워 부모님과 대화를 하면서 감사한 것들을 이야기하는 시간을 가졌던 적이 있었습니다. 그 때 저는 저와 제 가족들의 삶에 대해서 그동안 알지 못했던 사실들을 많이 알게 되었습니다.

우리 가족은 정말 부족했고, 위기 순간이 정말 많았지만, 주변 사람들이 그때마다 결정적으로 도움이 되어 주신 일들, 정말 기적적으로 하나하나 문제가 해결되었던 이야기를 들으면서 저는 하나님을 느꼈습니다. 부족한 저희 가족은 정말 많은 사람들에게 사랑을 받고 있었습니다. 지금까지 앞만 보면서 하나님은 어디 계시는 것인지 보이지 않아 찾고 있다가, 지금까지 살아온 길을 돌아보니 하나님의 은혜가 가득하다는 것을 느꼈습니다. 그 순간부터는 마음이 정말 편해졌습니다. 계속되는 수술과 재발, 또 다시 수술과 재발로 몸도 마음도 지쳐서 수술한 후에는 하나님께 더 이상 재발이 없게 해달라고 간절히 기도했습니다.

그러나 하나님의 은혜를 인식한 뒤로는 더 이상 언제 다시 재발할까 불안하지 않고 다음에 또 재발을 하게 되더라도 더 이상 하나님을 원망치 않게 해달라고 기도했습니다. 그리고 또 다시 재발을 하여 하나님께 원망 없이 마지막 수술을 하고 더 이상 재발하지 않고 정말 감사하게도 졸업을 앞둔 지금까지 올 수 있었습니다.

저는 이제 예전보다 폐기능이 많이 떨어져서 운동을 잘하지 못하고 비행기도 타기 어려우며, 몸이 많이 약해졌다는 생각을 하곤 합니다. 그런데도 불구하고 하나님께 너무나도 감사한 것은 제가 겪은 일들을 통해서 아픈 사람들에 대해서 더욱 잘 공감하고 위로할 수 있다는 것입니다.

사람은 누구나 다른 사람에게 크고 작은 영향들을 미치고 살아가는 것 같습니다. 지금의 저를 만든 것은 제가 아니라 저에게 다가와준 사람들이었습니다. 그런 좋은 사람들을 만나기 위해서 제가 했던 것은 아무 것도 없었기에 그 모두가 은혜이자 감사라고 밖에 말할 수 없는 것 같습니다.

지금도 한동에서 1학년, 2학년 때의 사람들과 연락하고 기도제목을 나누면서 힘을 얻습니다. 이제는 제가 선배로서 팀 동생들에게 제가 받은 사랑을 나누면서 누군가에게 위로가 되고 힘이 되고 싶습니다.

만약 예전에 제가 수능 때 원하는 성적을 받았더라면 어땠을까? 라는 아쉬움은 아직도 조금 남아있는 것 같습니다.

그러나 만약 그랬다고 하더라도 제가 지금처럼 정서적으로 안정된 삶을 살고 있지는 않았을 것 같습니다. 제 인생은 지금까지 계획대로 되었던 것이 없었으며 실패라면 실패의 연속이었습니다.

그러나 이제 저는 하나님께서 제 삶을 인도하심을 믿습니다. 어떠한 상황에 부딪혔을 때, 그 상황이 나에게 좋은 것인지 좋지 않은 것인지 그 당시에는 잘 모른다고 생각합니다. 정말 좋지 않은 줄 알았던 순간이었는데 지나고 보니 오히려 그게 좋은 기회가 된 적도 있었고, 정말 잘 된 줄 알았는데 지나고 보니 그렇게 좋았던 것만은 아니었던 상황들이 많이 있었습니다. 하나님께서 인도하시는 길이 제가 생각했던 방법과 방향이 아닐 수는 있습니다. 그러나 저보다 더 잘 아시고 저를 더 사랑하시는 하나님께서 제 삶을 인도해 주실 것을 믿습니다.

학교에서 만나는 동생들의 선한 마음, 열정, 그리고 믿음을 보면서 저는 지금도 많이 배우고 있습니다. 제가 만난 한동은 위로이자 감사 그리고 하나님 주신 마음인 사랑을 통해서 제가 하나님을 바라볼 수 있게 하신 통로였습니다.

환난으로부터 인내를, 인내로부터 연단을, 연단으로부터 소망을 만들어 주신 하나님께 감사를 드립니다.

어린 심바에서
복음을 외치는 사자로

최새봄(16, 생명과학부, 공연영상학부)

저의 전공은 생명과학과 공연영상입니다.

언뜻 보아도 굉장히 생소한 조합의 전공에 대해 제게 물어보면 보통 대답은 생각보다 간단합니다.

"좋아서 선택했습니다."

한동에 오기 전부터 저는 장기려 박사님을 롤모델로 삼을 만큼 생명을 살리는 일에 가슴이 뛰었기에 생명과학이 좋았고, 영상을 찍고 편집하는 일로 학교생활의 대부분을 보냈기에 공연영상이 즐겁고 가슴 뛰는 일이었기 때문입니다.

그렇다고 해서 제가 전공에 대한 고민이 없었던 것은 아닙니다.

먼저 하나님께서 창조하신 만물과 그 원리에 대해 탐구하는 생명과학이 좋지만, 저의 성격상 한 자리에 꾸준히 앉아서 연구를 하는 것은 쉬운 일이 아니었습니다. 사람들과 어울리기 좋아하고 운동하는 것을 좋아하는 저에게 연구실은 늘 답답하게 느껴졌습니다.

그리고 공연영상은 저의 생각을 영상과 연기로 표현하고 이야기하는 것이기에 재미있고 즐거웠지만, 아쉽게도 오랜 시간을 극단에서 지내며 그 일을 업으로 삼을 만큼의 열정도, 재능도 저에게는 없는 것 같이 느껴졌습니다.

그런 이유로 16년도에 입학해서 전공을 어느 정도 경험한 18년도까지 방황하며 공부할 이유를 모른채 생명과학부에서도, 언론정보문화학부에서도 애매한 위치에서 적당히 공부했습니다. 과연 이렇게 한동에서의 학기를 흘려보내는 것이 의미가 있을까 고민이 되었습니다.

그러던 어느 날, 오석관에 붙은 월드프렌즈 청년중기봉사단 모집공고를 보았습니다. 우간다에서 6개월간 봉사활동을 진행한다는 공지를 보고 선뜻 지원했습니다. 가서 어떤 일을 하는지, 경비는 어떻게 되는지, 부모님께 어떻게 설명을 드릴 것인지 먼저 생각하지 않은 채 지원했습니다. 이 프로젝트가 한동대학교 적정기술동아리 'CRAIST 90%'의 프로젝트인 것은 후에 알게 되었습니다.

그렇게 급하게 우간다로 가게 되었습니다. 우간다 수도 캄팔라에서도 동쪽으로 7시간 정도의 거리에 위치한 '쿠미'라는 도시가 저의 파견지였습니다. 쿠미는 우간다 동부에서도 주변 도시들보다 강수량이 적어 척박한 땅이었고, 빈곤으로 고통 받는 곳이었습니다. 저는 쿠미의 올릴림 마을에서 '카카메가 부가가치 생산 사업'을 진행했습니다. 척박한 곳에서도 유독 잘 자라는 호박 고구마를 닮은 '카카메가'를 가지고 분말과 빵으로 만들어 마을 사람들을 돕는 일이었습니다.

원래 카카메가를 수확할 철이 되면 수도에서 중개 상인이 와서 헐값에 카카메가를 대량으로 구매해갔습니다. 그래서 다음 작물이 수확될 때까지 마을 사람들은 보릿고개의 시절을 보내야 했습니다.

이러한 악순환의 고리를 끊기 위해 카카메가 제분 공장과 건조장을 짓는 것이 6개월 동안의 목표였습니다.

이 프로젝트를 진행하는 동안 매일 빗물 두 양동이로 씻고, 비포장도로의 흙먼지를 뒤집어쓰며, 말라리아에 걸리지 않기 위해 모기들과 싸워야 했지만, 저는 그 곳에서의 삶이 참 좋았습니다.

마치 우리네 6,70년대와 비슷한 현지 사람들의 때 묻지 않은 순수함과 하나님께서 창조하신 놀라운 자연이 좋았습니다. 그리고 무엇보다 저와 하나님과의 사이를 방해해 오던 것들로부터 단절되어 비로소 나의 삶에서 시퍼렇게 살아 숨 쉬는 듯 하나님의 손길을 느낄 수 있어서 참 좋았습니다.

그 곳에 있는 동안 하나님 앞에 벌거벗겨진 듯 저는 제 스스로 부인해왔던 저의 죄들과 자기 의를 그제야 꺼내어 마주할 수 있었습니다. 늘 성과 위주의 자아와 죄책감으로 하나님께 나아갈 수 없었던 저를 하나님께서 보여 주셨습니다. 하나님께서는 날마다 이 부분들을 건드리시고 고치시고 토닥이셨습니다.

파견을 종료할 때가 되어 공장과 건조장이 지어졌고, 더하기 빼기도 못하던 마을 사람들이 회계 장부를 쓰게 되었으며, 마침내 완공식 날 저의 선창으로 마을 사람들이 즐겁게 노래를 따라 부르며 프로젝트를 끝마치게 되었습니다. 참 감사한 시간이었습니다.

한국으로 돌아와서도 저의 마음은 여전히 쿠미와 우간다에 있었기에 비로소 CRAIST 90%의 일원이 되어 GEM[1]사업으로 그 프로젝트를 계속 이어 받아 진행했습니다.

1) 글로벌 전공 봉사활동 (Global Engagement & Mobilization, GEM)

한편 생명과학부 부대표로 학부를 섬길 때 학부합창대

회가 있었는데, 전공이 생명과학과 공연영상이라는 이유 하나만으로 제가 디렉터를 맡게 되었습니다.

그 무대를 통해 무슨 이야기를 해야 할까 참으로 고민이 많았습니다. 그 순간 우간다에서 보았던 목이 길고 멋진 기린과 누구보다 빠른 치타, 저마다 하나님께서 놀랍게 지으신 동물들 가운데 아직 갈기가 나지 않아 자신의 모습이 볼품없다고 생각하는 아기 사자 심바에 저의 모습을 투영해 이야기를 써 내려갔습니다. 심바는 다른 동물들과 비교해서 잘난 것 하나 없는 자신의 모습을 하나님께 한탄하지만, 하나님께서는 그런 심바를 위한 놀라운 계획을 이미 예비하고 계셨습니다. 비로소 심바에게 화려한 갈기가 생기고 큰 사자가 되었을 때에 모든 동물들은 그런 심바의 모습에 놀라고, 하나님의 놀라운 계획과 예비하심을 찬양합니다. 그리고 각자 저마다 하나님께서 주신 은사와 이끄심에 감사합니다.

이 무대는 그 해 학부합창대회에서 1등을 했습니다. 생명과학과 공연영상의 경계선에서 '어중이 떠중이'라고 생각했던 제가 생명과학부 소속으로 공연영상에서 배운 것을 가지고 많은 학생들 앞에서 하나님을 높일 수 있었던 귀한 경험이었습니다. 이 경험으로 인해 비단 이 이야기가 심바에게서만 끝나는 이야기가 아니라, 오늘 제 삶 속에서도 하나님께서는 유별난 저를 있는 모습 그대로 사랑하시고 들어 쓰신다는 것을 믿고 신뢰할 수 있었습니다.

그렇게 감사함으로 학교생활을 하며 이제 마지막 학기를 지내고 있습니다. 지난 여름방학 때 진로에 대해서 고민하며 참으로 어려운 시간을 보냈습니다. 사실 저는 오래전부터 꿈이었던 수의사만이 제 길이라 생각했고, 졸업을 하고 바로 수의대에 편입해서 친구들의 부러움을 받고 싶다는 가능성 없는 욕심과, 수의사를 함으로써 부수적으로 따라오는 돈과 명예에 대한 관심도 없지 않았습니다. 참 멍청했습니다.

그래서인지 수의사가 되기 위해 공부하는 데에도 학문 자체에 대한 열정이 없었습니다. 그저 해야 할 것 같기에 했고, 그러면서도 따라주지 않는 상황에 늘 자책하고 무너졌습니다. 사탄은 그런 저에게

"너는 못 해. 넌 쓸모 없어. 그렇게 쓸모 없을 바에야 그냥 죽어버리는 게 어때?"

라고 매일 말하는 것 같았습니다. 답답한 마음에 여름방학 기간 동안 새벽기도를 하며 하나님께 여쭈었습니다. 어느 날 새벽기도를 마치고 채플 계단을 내려오는데 하나님께

서 저에게 물어보시는 것이 느껴졌습니다.

*"새봄아, 너 나한테 수의사 되게 해달라고 계속 이야기하는데
이것만 해결되면 모든 것이 해결될 것 같니?"*

저는 그 질문에 '네'라고 절대 대답할 수 없었습니다. 수
의대에 편입해서도 성적이 잘 나오게 해달라고, 동물병원을
개원하려는데 몇 천 만원을 마련해달라고 기도할 것 같았습
니다. 그리고 그것들이 응답 되지 않으면 사탄은 또 저에게
'그냥 죽어버려'라고 속삭일 것 같았습니다. 그리고 하나님을
탓하며 믿음에서 멀어지는 삶을 살게 될 것 같았습니다.

그래서 바로 수의사 공부를 위한 비싼 인강, 교재 그리
고 그 외에 제가 쥐고 있던 것들을 내려놓고 비로소 하나님께
여쭈어보았습니다.그런 저에게 하나님께서는 이전의 한동 생
활을 돌아보게 하시고, 여전히 제 가슴이 어디에서 가장 뜨겁
게 뛰는지 보게 하셨습니다. 아버지께서 지나가듯 말씀하신
'보건'이라는 단어에 꽂혀 보건 분야에 대해서 공부하게 하셨
고, 비로소 '개발도상국 감염병 역학 전문가'라는 꿈을 새롭
게 꾸게 하셨습니다.

새로운 꿈을 가지고 어떻게 해야 하나 고민하는 중에 오

빠는 저에게 '하나님께서 하시는 일이면 너무나도 자연스럽게 이끌어 가실 거야'라고 말했습니다. 당시에 그 말이 크게 와 닿지는 않았지만, 저는 우선 생명과학부 안태진 교수님께 메일을 드려 '보건 분야에 대해 공부하고 싶은데 어떻게 하여야 할지' 여쭈어 보았습니다. 그런데 놀랍게도 안태진 교수님께서는 한동국제개발협력대학원의 보건학 교수님이신 '차승만 교수님'을 소개시켜주셨고, 차승만 교수님께서는 흔쾌히 수업 때 저를 불러주셔서 국제 보건에 대한 이야기들을 듣게 하셨습니다. 교수님의 프로젝트 이야기와 현장, 실무에 대한 이야기들은 저에게 큰 확신을 주었습니다. 정말 제가 꿈꿔왔고 앞으로 하고 싶은 일이라는 확신이 들었고, 교수님처럼 개발도상국에서 소외 받는 질병과 사람들을 위해 일하는 보건 전문가가 되고 싶다는 열정이 생겼습니다. 그렇게 수업을 듣고 그레이스 스쿨을 내려오는 길에 혼자 얼마나 울었는지 모릅니다.

　　보건대학원에 진학하기 위해 제 자기소개서를 쓰면서 한동생활을 뒤돌아보니 우간다 파견과 생명과학 전공 그리고 부자치회장으로 섬기면서 코로나 상황에 대한 대처까지 하나님께서 놀랍도록 하나하나 준비시키셨음을 느낍니다. 저를 향한 하나님의 놀라운 계획이 있다는 것을, 나를 너무나도 소중히 하나님 형상 따라 지으셨다는 것을 확신합니다.

갈기가 없어 하나님을 원망하던 어린 심바 같았던 저는 한동에서 하나님의 이끄심을 통해 이제는 멋진 갈기를 가지고 세상에 하나님의 복음을 외치는 멋진 사자가 되기를 꿈꿉니다.

제가 서있는 곳에서 모든 영광을 하나님께 돌리며 하나님이 왕 되시게 하는 자가 되겠습니다.

김영길 총장님을 만난
어느 고등학생의 약속

유상재(17, 상담심리사회복지학부)

"한동대학교는 명사가 아니라 동사라고 생각합니다. 팀제도,
한동만나를 통해 명사인 사랑이 아니라 동사인 사랑하며, 무
감독 양심시험, 양심계산대를 통해 정직이 아니라 정직을 실
천하는 문화가 있는 학교임을 깨닫습니다. 이런 한동대학교
에서 행동하는 지성인이 되어 저의 비전을 실현해나가고 싶
습니다."

　　2016년 면접 후 교수님께서 마지막으로 하고 싶은 말이
있는지에 대한 저의 답변입니다.
　　한동을 입학하기 전부터 한동만의 문화와 특성을 많이
찾아보았고, 한동은 명사가 아니라 동사였음을 깨달았습니
다. 재학생이 되어 누군가에게 한동을 설명할 때, 여전히 "한
동은 행동입니다"라고 전하고 있습니다. 그리고 한동대학교
곳곳에서 경험한 하나님의 임재와 은혜는 과거부터 지금까

지 내 삶의 곳곳에서 흘러넘치기에 나누고자 합니다.

2013년 고등학교 1학년 당시 고 김영길 총장님께서 직접 한동대학교를 홍보하러 제가 다니던 고등학교에 오셨습니다. 다른 대학교와 달리 한 대학교의 총장님께서 직접 홍보하러 오셨다는 것에 놀람과 동시에 생천 처음 한동대학교에 대해 듣게 되었습니다.

하나님의 인재를 양성하는 한동대학교는 장인 공(工)자의 인재상을 추구하면서, 무전공 무학과뿐만 아니라 국내외 다양한 활동과 컴퓨터, 영어 교육이 당연시 되는 학교라고 설명해 주셨습니다. 학교 홍보가 끝나자마자 저는 총장님께 달려갔습니다.

"총장님! 저와 악수 한번 해주실 수 있으신가요? 그리고 사진 한 번 찍어주시겠습니까? 총장님 너무 대단하십니다. 저도 이러한 학교에 입학해서 총장님처럼 직접 홍보하고 싶습니다."

그런데 이런 용기와 관심이 한동대학교 지원으로 이어지지는 않았습니다. 주변 사람들로부터 서울의 상위권대학이 곧 '성공'이라는 공식에 사로잡혀 한동대학교는 지원도 못하고 재수를 하게 되었습니다. 재수를 결심했지만 서울 상위

권 대학교를 가야 한다는 압박에서 벗어나 제 삶을 살아보자는 생각에 6개월 간 아르바이트와 여러 다양한 경험들을 하며 내가 좋아하는 것과 가치들을 찾아다녔습니다. 그러다가 유튜브에서 한동대학교 졸업생의 강연을 듣게 되었습니다. 그때 제가 김영길 총장님과 한 약속이 생각나면서 한동대학교를 준비했고 하나님의 은혜로 한동대학교에 입학 할 수 있었습니다.

한동대학교에 입학할 때 RC를 선택해야 하는데, 한동대학교는 글로벌 대학이 강점이니 카마이클 RC(국제관)을 선택하게 되었습니다. 입시 영어만 공부했던 저는 대화부터 점호 방송까지 영어로 진행하는 국제관에서의 생활이 너무나 힘들었습니다. 한스트도 국제관은 RC와 달리 모든 것을 영어로 진행했습니다.

'Hi, Yes, Thank you"

세 단어만 사용했던 것이 기억에 남습니다. 그런데도 하나님의 은혜를 경험할 수 있었던 것은 나를 끊임없이 챙겨준 새섬(새내기 섬김이)이었으며, 한국어와 영어를 동시에 알려준 동기 새내기들이 있었습니다. 한동대학교 국제관의 경험은 비록 영어를 못하더라도, 소통이 불가하더라도 그러한 친구를 품어주겠다는 주님의 사랑을 체험했던 기회였습니다.

영어를 잘 못하던 제가 국제관 팀장이 되었습니다. 팀장이면 팀모임을 영어로 기획하고 진행해야하는데 온갖 손짓 발짓을 이용해 내용을 전달했던 것이 기억에 남습니다. 특별히 기억에 남는 부분은 보험이 적용되지 않는 외국인 친구들을 향한 한동인들의 모금이었습니다. 필리핀에서 교환학생으로 왔던 학생이 맹장염으로 입원을 했고 총학 차원에서 긴급 의료비 기금을 모았는데, 국제관 팀장으로서 후원 요청글을 남겼고, 얼마 지나지 않아 필요한 금액보다 넘치는 금액이 들어왔다는 글을 보았습니다. 한동의 가치는 누군가 힘들어하거나 아파할 때 더 빛을 발한다고 생각합니다.

그리고 한동의 생활에 적응을 어려워하는 외국인 친구들이나 한국어 교육봉사를 필요로 하는 학생들에게는 하나님의 조건 없는 사랑을 그대로 실천하려고 노력하는 팀원들을 보면서 깨달았습니다.

하나님은 단지 성경 말씀 속이나 예배 시간에만 있는 것이 아니라 사람들 마음 곳곳에 임재하시는 것을 느꼈습니다. 그리고 천국은 죽음 이후에 있는 것이 아니라 지금 우리 눈앞에 놓인 상황들로 경험할 수도 있겠다는 생각을 했습니다.

한동은 개교부터 지금까지 수많은 우여곡절이 있었으

나 주님 안에서 한동인만의 단합력으로 그때마다 잘 헤쳐 나왔습니다. 과거부터 지금까지 흐르는 주님의 은혜는 생명력이 있음을 강력히 믿게 됩니다.

고등학교 1학년생이 김영길 총장님께 한 약속을 떠올리며, 저는 한동대학교에서 경험한 사랑과 은혜를 고등학생 친구들에게 나눠주고 싶었습니다.

이에 딱 맞는 공동체가 바로 '한동대학교 홍보단 나누미'였습니다. 사실 홍보대사라 하면 외모는 물론이거니와 표준어를 구사한다는 선입견을 품고 있었습니다. 사투리를 많이 쓰는 저의 말투와 썩 잘나지 않은 외모로 갈등을 했지만, 다른 대학과 달리 한동대학교는 겉모습만으로 평가하지 않을 것이란 생각이 들어 홍보단에 지원하였고, 나누미로 2년을 활동했습니다. 캠퍼스 투어나 고등학교를 찾아가서 한동대학교를 홍보했을 때 생각보다 많은 학생이 한동대학교를 지원했고 입학을 하여 보람이 있었습니다.

"우리의 홍보는 우리의 간증입니다"

나누미의 슬로건입니다.
한동대학교 홍보는 없는 것을 있다고 말하는 것이 아니

라 있는 그대로 경험한 사실을 전달하는 것입니다. 한동대학교에서 일주일 동안의 삶을 나누면 그것이 한동대학교 홍보가 됩니다. 돈을 주웠을 때 주인을 찾아주고, 모르면 알려주고, 힘들면 기도해주고, 팀모임에서 함께하는 그러한 사소한 일상들이 한동의 문화이자 하나님의 사랑과 은혜를 경험하는 매개체입니다. 거룩하다는 것은 구별됨에서 나온다고 하는데, 한동에서의 일상 가운데 배우는 것들이 구별됨의 시발점이자 구별된 삶의 출발점이라 생각합니다.

군복학 이후에 새섬을 지원했습니다. 새섬을 지원하면서 공부를 뛰어나게 잘하거나 신앙심이 뛰어나지 않았기에 새내기들에게 본보기가 될 수 있다는 확신이 없었고, 새섬을 할 자격이 있는지에 대한 의구심도 들었습니다. 그럼에도 불구하고 새섬을 지원할 수 있었던 것은 하나님께서는 능력을 보시지 않고 사랑과 섬김의 마음을 보신다고 믿기에 가능했습니다.

그리고 제가 한동에서 누렸던 은혜와 사랑은 엄청난 능력이나 자격을 가진 사람에게 받은 것이 아니라, 누구나 행하고 누릴 수 있는 진입장벽이 낮은 한동의 문화에서 흘러나온 것입니다.

팀원의 중간고사, 기말고사 파이팅, 팀의 형, 누나들과 교수님들의 상담과 격려, 이름 모를 누군가의 중보기도 등과 같은 소소하지만 역설적으로 큰 감동을 받는 경험들이 바로 그런 것입니다.

새섬을 하면서도 파트너와의 의견 대립이나 새내기들과 다툼이 생길 때도 있었지만, 관계의 단절로 끝나지 않았던 이유는 한동에서 경험한 사랑은 내가 좋은 것만 하는 것이 아니라 다른 것을 들어주고 포용하는 것이었기 때문입니다.

제가 한동대학교를 입학했을 당시보다 눈에 보이는 건물이나 복지 제도는 넘치도록 풍부하고, 지리적으로도 한동 바깥으로 나갈 교통수단이 잘 갖춰져 있어서 자유롭게 드나들 수 있게 되었습니다.

이러한 한동주변상황의 변화와 코로나19로 인한 변화에 대해 한동이 가야할 길은 어떻게 되는지 고민하는 시간을 가졌습니다.

한동이 바뀌었다라는 말을 매년 듣습니다. 그렇지만 한동은 변하지 않았고 오히려 우리의 마음과 믿음이 변한 거 같습니다. 일상 가운데서도 더할 나위 없이 감사한 것들이 넘쳐나고, 은혜는 모든 순간에서 경험할 수 있습니다. 결국 환경이 아니라 우리의 믿음과 마음의 문제인 것 같습니다. 저는 한동에 와서 성경을 처음 읽었고, 4학년이 되어 은혜의 의미도 알았고 졸업하기 전에 경험하고 나갈 수 있음에 감사합니다.

한동이 외치는 "Why not change the world?"의 슬로건이 단순히 글자에 머무르지 않으려면 우리 각자의 삶에서 하나님의 은혜를 놓치지 않는 것이라고 생각합니다.

방돌이와 인사하고 힘내라는 한마디, 누군가를 위한 기도, 밥을 먹을 수 있다는 것과 더불어 행동이 아니더라도 존재 그 자체, 하나님의 십자가 보혈을 기억하는 생각들이 은혜의 시작이라 생각합니다.

한동에 인사 운동, 비전 운동, 나눔 운동이 다시 일어나면 좋겠습니다. 그리고 은혜를 서로 나누고 기억하는 시간들이 공유되길 희망합니다.

제적당한 장학생의 광야생활

나용욱(17, 경영경제학부)

저는 이 학교에서 제적을 당했던 학생입니다. 2017년에 입학해서 4학기를 다니는 동안 총 3번의 학사경고를 받고 제적처리 되었습니다. 그럼에도 다시 이 학교로 돌아올 수 있도록 이끌어주신 하나님께 감사의 기도를 올립니다.

'광야'

애굽 땅을 탈출한 이스라엘 민족들이 가나안 땅에 들어서기 전에 깨어지고, 훈련받고, 연단되고 하나님을 인격적으로 만나게 되는 장소입니다. 제게 있어 한동대학교는 광야와 같습니다.

제가 한동대학교에서 어떻게 거듭났는지 말씀드리겠습니다.

저는 모태신앙으로 태어났고, 중학생 때까지 설교를 듣는 것이 좋았고, 청소년 찬양집회나 수련회에 참석했으며, 기도원에서 기도하는 것이 온전한 쉼으로 알았습니다.

그러나 고등학생이 되자 저는 아무런 열정 없이 습관적으로 교회에 출석만 하는 교인이 되었습니다. 기숙학원에서 재수를 할 때는 점차 교회에 가는 시간이 아깝게 느껴지고 귀찮게 느껴졌습니다. 점점 수능이 다가오자 주일에 예배를 드리는 것이 손해처럼 여겨졌습니다.

그래서 '이번 한 주는 빠져도 되겠지'라는 생각으로 한 번 예배를 빠지게 되니 그 다음은 너무나도 가벼운 마음으로, 일말의 죄책감도 없이 예배의 자리에 나가지 않게 되었습니다. 수능이 끝날 무렵에는 믿지 않는 사람들과 전혀 다르지 않은 저의 모습을 확인할 수 있었습니다. 그렇게 수능이 끝나고 성적이 좋았던 저는 부모님의 권유로 한동대학교 정시 전형에 지원했고 4년 전액 장학금의 혜택과 함께 한동대학교에 입학하게 되었습니다.

한동대학교의 신입생 오리엔테이션인 HANST에 참석해서 학교에 대해 조금씩 알아가고 한동대학교만의 매력을 느낄 수 있었습니다.

한동대학교에서는 다른 학교와는 다르게 새섬-새내기

라는 공동체가 존재합니다. 새섬은 새내기 섬김이라는 말의 줄임말인데, 신입생들이 학교에 잘 적응할 수 있도록 도움을 주는 멘토입니다. HANST가 진행되는 동안 새섬과 새내기들과 함께 일주일간의 프로그램을 참여하며 한동대학교의 슬로건인 "Why not change the world?"에 대해 배울 수 있었고 많은 감동을 받았습니다.

학기가 시작되고 저도 모르는 사이에 제 안에서 교만과 자만이라는 해충이 저를 갉아먹고 있었습니다. 4년 전액 장학금을 탔고 남들보다 좋은 성적으로 입학했다는 점이 저를 교만하게 했습니다. 다들 심혈을 기울여 작성하고 제출하는 과제를 대충대충 제출하기 일쑤였으며 수업에도 자주 결석하였습니다. 시험기간에도 남들이 공부하는 공부량의 발끝에도 미치지 않을 만큼 공부를 하면서 좋은 성적을 받을 것이라고 자만했습니다.

결국 첫 학기에 학사경고를 받았고 4년 전액 장학금마저도 취소되었습니다. 처음엔 이 사실이 현실감 있게 다가오지 않았습니다. 단지 운이 좋지 않았을 뿐이라며 다음 학기에는 괜찮을 것이라고 스스로를 위안했습니다.

너 게으른 자야, 네가 어느 때까지 자려느냐? 네가 어느 때에 잠이 깨어 일어나겠느냐? 좀더 자자, 좀더 졸자, 손을 모으고 좀더 누워있자 하면 네 빈궁이 강도같이 오며 네 곤핍이 군사 같이 이르리라 (잠언 6:9~11).

분명 하나님께서는 게으르지 말라고 명령하십니다. 그리스도인은 성실해야 하며 부지런해야 한다고 말씀하십니다. 그러나 하나님의 말씀은 안중에도 없던 저는 첫 학기의 과오를 반성하지 않고 반복 되며 결국 학사경고 누적 3회로 인해 학교에서 제적처리를 당하게 되었습니다.

학교에서 제적 처리를 당하고 나니 저에게 당장 주어진 선택지는 군 입대 뿐이었습니다.

군대에서 복무를 하면서 불확실한 미래에 대한 아무런 해결책이 없던 저는 군대에서의 하루하루가 굉장히 괴로웠습니다.

그러던 중 문득 어머니께서 추천해주신 책이 생각났습니다. 제가 학사경고 3회 누적으로 제적처리가 되었다는 사실을 들으시고 눈물을 숨기시며 저에게 <갈대상자>라는 책을 건네주셨던 것이 기억났습니다. 사실 어머니께 그 책을 받았을 때는 당장 아무것도 손에 잡히지 않아 책을 받기만 받았지 한 장도 읽지를 않았습니다.

휴가를 나와 집에 와서 가장 먼저 그 책을 찾았습니다. 무거운 마음으로 한 장 한 장 책을 읽어 내려가는데 저도 모르게 부끄러움과 후회의 눈물이 흘렀습니다. 제가 그토록 무시하고 얕잡아 봤던 한동대학교가 사실은 엄청난 기도의 금자탑으로 세워진 학교이며, 전국의 사명감 있는 주님의 전사들이 모여드는 학교인 것을 그 책을 읽으면서 몸소 체감했습니다.

저는 그 때 깨달았습니다. 제가 얼마나 부족하고 모자란 존재이며 그동안 얼마나 눈과 귀를 닫고 살았는지 그 때에서야 깨닫게 되었습니다. 뒤늦게 학교 선배들의 진심어리고 따뜻한 충고들과 교수님들의 열정적이고 헌신적인 강의와 인간적인 교감, 그리고 한동을 위해 눈물로 기도해주시는 수많은 분들의 무게를 비로소 알게 되었습니다. 아무것도 아닌 제가 그토록 위대한 하나님의 대학교를 업신여기고 얕잡아 봤던 것을 깨닫고 정말 후회스럽고 수치스러웠습니다.

그 전까지는 학교에 대한 애정이 없었습니다. 학교에서 만난 수많은 학생들과 교수님들이 당신의 학교를 사랑하고 소중히 생각하지만, 저는 그저 그런 학교라고 치부했었습니다. 하지만 이제야 생각이 바뀐 것입니다. 오히려 내가 운이 좋아서 이 학교에 입학할 수 있었던 것을 감사하게 여기지는 못하고 우쭐댔던 제 모습이 후회스러웠습니다.

어떻게든 다시 학교로 돌아가고 싶은 마음이 생겼고 군에서의 복무를 마치자마자 입학처 선생님들께 전화로도 여쭤보고, 학교 입학처 홈페이지도 찾아보며 절실하게 매달렸습니다.

정말 다행히도 한동대학교에는 재입학이라는 제도가 있었습니다. 저에게는 마지막 희망이었습니다.

전역 후에 재입학 원서 제출 일정을 찾아보고 미리 제출 서류들을 준비해놓고 제가 바로잡아야 할 것을 바로잡았습니다.

그 첫 번째가 회개였습니다.

전능하신 하나님 앞에 서면 한낱 미물에 지나지 않는 제가 고작 수능 성적이 몇점 좋게 나왔다고 자만하고 교만해진 모습을 회개해야했습니다.

또한 성실히 살아가지 않고 게을렀던 제 모습, 배움의 기회를 허락하셨음에도 감사하지 못했던 제 모습, 남들을 얕잡아 보고 무시했던 제 모습 등, 제가 생활했던 4학기동안 저질렀던 죄는 너무나도 많았습니다.

저는 작정하고 기도하기로 결심했습니다. 주님께 모든 것을 고백하고 용서를 구하는 것밖에 없었습니다. 재입학 원서를 제출하기도 전에 절박한 심정으로 매일같이 눈물로 기도를 했습니다. 그렇게 눈물로 기도하면서 제 마음에 위로가 되었던 찬양이 있었습니다. 제이어스의 여호와께 돌아가자라는 찬양입니다.

"내 백성이 나를 떠나 돌아섰지만 내 사랑이 내 백성을 포기 못하니 내 모든 것 내어주고 나 그들을 얻으리라 여호와께 돌아가자 우린 돌아서도 그는 변치않네 여호와께 돌아가자 우린 넘어져도 그 사랑 영원하네
내 백성이 나를 떠나 돌아섰지만 내 사랑이 내 백성을 포기 못하니 내 모든 것 내어주고 나 그들을 얻으리라 여호와께 돌아가자 우린 돌아서도 그는 변치않네 여호와께 돌아가자 우린 넘어져도 그 사랑 영원하네
사랑은 오래참고 자신을 내어주네 서로 사랑할 때 세상은 주 보네 사랑은 절대 지지 않네 사랑은 오래 참고 자신을 내어주네 서로 사랑할 때 세상은 주 보네 사랑은 절대지지 않네 여호와께 돌아가자"

이 찬양을 부를 때마다 너무나 주님께 죄송한 동시에 하나님께서는 나를 버리지 않으시리라는 확신이 생겼습니다. 정말 염치없고 부끄러운 제 모습이지만 하나님께서는 저의 이러한 모습도 사랑해주신다는 말씀이 떠올랐습니다.

재입학 합격통보를 받고 난 후에 부모님께도 말씀을 드렸습니다. 그렇게 훌륭한 학교에 입학을 했는데 정신을 못 차리고 으스대다가 추락해버린 아들의 모습을 보며 부모의 마음은 더 힘들었을 것입니다. 그럼에도 부모님께서는 저를 야단치시거나 혼내시지 않으셨습니다. 그저 예전의 모습대로, 예전의 순수하고 깨끗했던 마음으로 돌아가서 하나님을 찬양하고 경외하는 저로 돌아오기를 간절히 기도해주셨습니다.한동대학교에 복학할 수 있다는 소식을 전해드리자 두 분께서는 하나님께 감사기도 드리자고 말씀하셨고, 온가족이 하나님께 감사의 기도를 드렸습니다.

　　완전히 달라진 마음가짐으로 한동대학교로 돌아오니 모든 것이 새롭고 어색하게 느껴졌습니다. 새로운 건물도 많이 생겼고 학교의 시스템도 조금씩 변했고, 전반적인 학교의 모습이 조금은 낯설었습니다. 그러나 그 중에도 변하지 않은 것이 있었습니다. 한동대학교는 하나님의 학교라는 사실입니다. 복학을 해서 학교를 다녀보니 학생들은 자신감에 차 있되 겸손했고 성실하며 사랑이 넘쳤습니다. 교수님들 또한 예전과 다를 바 없었습니다. 변함없이 학생들을 위해 기도해주시고 학생들을 사랑하시며 어떻게든 학생들을 옳은 길로 인도하고자 노력하셨습니다. 겸손하고 하나님을 사랑하는 마음으로 한동대학교에 돌아오니 비로소 느낄 수 있는 것들이었습니다.

저는 행복하게 학교생활을 하고 있으며, 바쁘고 지치는 와중에도 배움의 기회를 다시 허락하신 주님께 감사함을 느낄 줄 압니다. 주위에 어려운 일에 처한 학우를 보면 함께 슬퍼해주고 위로해주며 기도해줄 줄 압니다. 저를 위해 기도하는 것이 아닌 한동대학교와 더 나아가 우리나라 그리고 통일을 위해 기도할 줄 압니다. 제가 잠시 주님의 곁에서 떠나 방황하고 있을 때에는 느끼지 못했던 풍족함과 기쁨의 충만함을 지금은 매일 느끼고 있습니다.

그리스도인은 본질적으로 하나님을 떠나 살 수 없습니다. 하나님께서 채워주시는 사랑과 마음의 위안, 평안은 세상의 그 어떤 것으로도 대체할 수 없습니다. 내가 지금 힘들다고 해서 아무리 술과 담배에 절어 살아도 남는 것은 더 큰 허무함과 공허함뿐이라는 것을 한동대학교에서 깨달았습니다.

저에게 한동대학교는 광야입니다.

한동대학교라는 광야에서 저는 언제나 함께하시는 하나님을 섬기는 법을 배웁니다.

한동이라는 광야에서 제 고난을 이길 힘을 주시는 분임을 깨달았습니다. 하나님께 기대는 법을 배웠고, 하나님의 영광을 위해 일하는 법을 배웠으며, 어떻게 해야 하나님이 보시기에 합당한 행동인지 배웠습니다.

또한 하나님께서는 저를 올바른 길로 인도하시기 위해 저를 다듬으시고 저의 모난 곳을 치신다는 것을 알았습니다. 저의 교만함과 자만, 그리고 게으름을 치셨습니다. 저도 몰랐던 저의 죄성을 끄집어내어서 다듬어주셨음을 믿습니다.

마지막으로 하나님께서는 이번 광야를 통해 저에게 기적을 보여주셨습니다. 학교에서 제적 후 재입학이라는 기적을 체험했습니다. 이제 제가 해야 할 일은 하나님께서 한 번 더 허락하신 이 기회를 감사히 여기며 매 순간 최선을 다하는 일입니다.

한동대학교에서 배운 것이 참 많습니다. 나의 부족한 부분을 알게 되었고, 하나님을 찾게 되었으며, 하나님과 온전히 대화하는 기회가 열렸습니다. 다시 돌아온 한동에서 저는 성실히 사는 법을 배웠고, 주변 사람들을 사랑하는 법을 배웠으며, 내 상황이 어떻든 감사하는 법을 배웠습니다. 전적인 하나님의 은혜입니다.

너는 청년의 때에 너의 창조주를 기억하라 (전12:1)

청년의 때에 앞이 보이지 않을 막막하고 낙심할 때에 다시 저를 만나주신 하나님을 저는 평생 기억할 것입니다. 가장 낮은 자를 통해 가장 위대한 일을 행하실 주님을 기대하며, 앞으로 제가 주의 자녀로 어떻게 쓰임 받게 될지 기대하며 기도합니다.

전공탐험;사람을 낚는 학부

심충일(14, 전산전자공학부)

한동대학교는 참 신기한 곳입니다. 다양한 사람들이 모여도 믿음으로는 한 가지 색채를 띠며 각자 나름의 고민을 갖고 살아나가다 결국 변화하는 곳이기 때문입니다. 한동대학교에서의 제 삶도 역시 마찬가지였습니다. 제 스스로에게 많은 질문을 해보고 제 기준이 아닌 하나님의 기준을 고민하다 보니 역시나 학교에 입학했을 때의 모습과는 많이 달라져 있었습니다.

추상적으로 '이웃을 돕자'는 입학 때의 생각에서 한걸음 더 나아가 국제관계학 입문 수업을 듣고 사람들이 고통 받는 이유와 관계 속에서 힘들어하는 사람에게 실질적으로 도움을 줄 수 있는 방법을 고민하게 되었고, 따라서 국제전공과 경영학으로 선택하게 되었습니다.

그리고 '교육'을 통해서 세상을 바꾸려는 동아리 ASPIRE에 들어가서 국제관계학 스터디 활동을 하며 그 이유를 찾으려 했습니다.

또 인간의 방법이 아닌 하나님의 방법으로 해결할 수 있다는 생각으로 CCC에 들어가 순장 교육을 받기도 했습니다.

하지만 동아리 수준의 스터디는 과도한 독서량 부과에 비해 전문성이 떨어진다고 생각했고, CCC를 통해 하나님 안에서 정답을 찾는 것도 전문성 없이 신앙심으로만 접근하는 것은 아니라고 생각했습니다.

그러다 새내기 새섬 제도와 이성 교제를 통해서 관계에 대해 더 생각하게 되었습니다.

남을 도울 때 기쁨을 느끼고, 사람과의 관계에 큰 가치를 두는 저의 성격상 새섬 새내기 관계에서 많은 기대를 했습니다. 그러나 10명의 무작위의 관계에서 한 마음을 갖는다는 것은 실상 불가능에 가까운 일이었습니다. 마음만 앞서서 이벤트를 하며 끌고 나가려다가 결국 저 혼자 지치게 되었습니다.

또한 연애에서도 인간관계를 생각할 수 있었습니다. 특히 언어로 하는 의사소통에는 한계가 있어서 서로가 같은 단어를 써도 다른 의미로 받아들일 수 있다는 것을 발견했습니다. 자기중심적인 판단으로 의도와 동기를 짐작하고 오해한다는 것입니다.

결국은 인간의 본성으로 귀결되었습니다. 인간의 죄성으로 인해 결국 하나님 나라에만 소망이 있다고 성경이 가르치고 있었습니다.

이 사실을 알았음에도 믿음이 더한 것이 아니라 오히려 관계 속에서 아무 것도 할 수 없다는 무력감과 좌절감이 더했습니다.

그러한 때에 도망치듯 간 군대에서 13학번 한동대학교 선배를 만나 큰 도움이 되었습니다. 그 형과는 정말로 많은 이야기를 나누며 군 생활을 이겨냈습니다. 한동과 사회의 차이점을 고민하며 어떻게 그리스도인으로서 사회에서 살아낼 수 있을지 고민했습니다.

그렇게 지내던 중 제 스스로 약속을 지키지 못하고 여자친구와 관계를 끝내야 했고, 거기다 어머니의 항암치료 소식으로 마음이 찢어졌습니다. 군 복무중이라 필요할 때 찾아뵐 수 없다는 것이 너무나도 마음을 시리게 했습니다.

하나님만 바라볼 수밖에 없었습니다. 오직 하나님만이 저를 온전히 이해하고 계시다는 것을 알게 되었습니다.

복학한 후에는 팀에서 계속 같이 부딪히고 만나면서 좋은 사람들을 알게 되고 변화가 시작되었습니다. 팀 기도회에서 공동체를 통해 만나는 하나님을 알게 된 뒤에는 하나님은 언제나 사람을 사랑해왔다는 것을 느꼈고 그 사랑을 받은 나는 하나님의 사랑으로 주위 사람들을 그래도 조금은 사랑할 수 있겠구나 하는 생각으로까지 이어지게 되었습니다.

그러나 현실적으로 국제전공을 가지고서는 도움이 필요한 자에게 도울 수단이 많지 않다고 생각했습니다.

이러한 판단 하에 전공을 전산&경영으로 바꾸었습니다. 기술을 배운다면 그것으로 충분히 사람을 실질적으로 도울 수 있을 것이라는 생각이었습니다. 물론 고등학교 때부터 문과였던 저에게 수학적 사고는 어려웠습니다. 최소한으로 들어야 할 과목도 11과목이었고 그것을 다 배워도 프로그래밍을 제대로 한다는 장담이 없으므로 더욱 열심히 노력했습니다. 다소 몸에 맞지 않더라도 논리에 입각한 알고리즘을 활용하여 사용하는 컴퓨터 언어가 곧바로 노트북에서 실현되는 것이 신기해 그나마 잘 따라갔던 것 같습니다.

그러다 새내기 섬김이를 지원하게 된 후로 가장 큰 변화를 겪었습니다.

저와 파트너와 남자 4명, 여자 4명의 새내기 공동체는 서로가 정말 다른 사람이었지만 하나님을 신뢰하며 서로를 소중히 여겼습니다. 남자 기숙사에서 4주차까지 매일 저녁에 모여 나눔과 기도하는 시간을 가졌습니다. 새내기 기도회를 하며 서로의 아픈 부분을 공감하고 기도했습니다. 서로 바쁜 와중에도 틈틈이 모여서 즐겁게 교제하고 하나님의 은혜를 자연스레 이야기했습니다.

하나님을 중심에 둔 이 공동체가 사랑 가운데 서로에게 정말로 도움이 된다는 것을 느꼈습니다. 제가 신입생 때 막연하게 그렸던 사랑과 도움이 그 공동체 가운데 있었던 것입니다. 기적 같이 제게 다가와 행복감과 하나님 안에서 채워지는 것을 체험했습니다.

그리고 이 공동체를 만나고 섬기게 된 이후로 프로그래밍에 대해서 다른 생각을 하게 되었습니다. 변명으로 들릴지는 몰라도 제가 그토록 원했던 이웃을 돕고 사람을 실질적으로 도울 수 있는 그 현장이 바로 새내기 공동체 가운데 있었기 때문입니다. 그래서 힘들게 버텨왔던 전공을 내려놓고 휴학 후 혼자만의 시간을 가지면서 앞으로의 진로를 어떻게 할지 고민을 했습니다.

그리고 체험한 것과 같이 하나님을 중심에 둔 공동체를 인생의 목표로 삼기로 결정했습니다. 그리고 말씀 가운데서 진정한 하나님 나라는 교회를 통해서 이루어지고 그 교회는 성례와 말씀이 존재해야 한다는 것을 알았습니다. 그래서 신학을 하기로 자연스레 방향이 전환되었습니다.

그러나 쉽게 결정할 수는 없었습니다. 2018년부터 개척 교회를 섬기시는 아버지의 삶이 정말로 존경스럽고 하나님의 은혜를 날마다 누리시는 게 보이지만 분명 현실적으로 어려운 길이었기 때문입니다.

또한 제가 말씀을 준행해야 한다는 것과 사회에서 목회자를 바라보는 윤리적 기대감이 부담감으로 다가와 단순히 선택할 수는 없었습니다. 그래서 일단 신학에 대한 뜻만 확고히 하고 한동대학교에서 맛볼 수 있는 신학 공부를 해보기로 했습니다.

그 첫 번째로 히브리어와 기독교적인 시각에서 바라보는 교양과목인 과학기술과 인간 정신을 수강했습니다.

그리고 성서 지리학과 기독교 변증학, 기독교 상담을 수강하여 학문으로서의 신학에 입문할 수 있었습니다.

한번은 교목실 목사님과 상담을 했는데, 목회자가 너무나도 많은 대한민국의 현실에서 정말 확고한 비전이 없으면 절대 가지 말라는 말이 오히려 목표를 확고히 세워주었던 것 같습니다.

그러나 무엇보다도 이 길을 확신하게 된 것은 목요 끝시간 예배의 리더로서 사명을 감당하면서부터입니다. 매주 목요일 저녁 9시부터 10시까지 한 시간 동안 찬양, 말씀, 중보기도를 인도하며 넘치는 하나님의 은혜를 받았습니다.

먼저 말씀을 전하는 자리에 서며 말씀에 가까워지는 경험을 갖게 되었습니다. 말씀을 공부하면 할수록 그 안에 담긴 복음의 무게감을 느끼지만, 말씀에 더 친숙해지고 매일 묵상하게 되며 말씀을 깨닫고 느끼는 즐거움이 큽니다. 아버지의 설교에 대해 날카롭게 피드백 했던 것을 반성하는 계기도 되었습니다.

또한 하나님 사랑의 끝없는 깊이를 느끼게 했습니다. 끝시간 예배는 개인, 한동, 대한민국, 북한, 아프가니스탄, 미얀마를 위해서 매주 기도를 하는 자리입니다. 또한 말씀을 더욱 묵상해야 하니 하나님의 사랑이 끝이 없음을 발견하게 되었습니다.

마지막으로 매일의 삶이 경건해진 것입니다. 말씀을 전하는 자로서 죄에 대해 다가가는 것이 더욱 꺼려지고 하나님을 아는 기쁨이 더해진 것입니다. 특히 신학대학원을 준비하면서 신학에 대한 확신만 있었지, 목회직에 대해서는 확신이 없었던 저에게 경건하고 거룩한 삶 그리고 하나님의 은혜로 채워지는 삶이 주는 가치를 알게 되었습니다.

결국 이렇게 돌아볼 때 지금까지 이끄신 제 삶은 모두 하나님의 은혜였습니다. 한동대를 선택할 때부터 시작된 고민이 결국은 그 답을 말씀 안에서 찾게 하고 말씀을 더욱더 공부하며 하나님 은혜를 누리고 사는 삶을 깨닫게 하신 것입니다.

그러한 고민을 자연스레 나누고 같이 고민하는 사람들이 존재하는 곳이 한동이었습니다.

때론 인간관계 안에서 치열하게 부딪히며 인간의 한계를 알게 한 곳도 한동이었습니다.

그리고 그 소망을 갖고 아름다운 공동체를 만들어갈 수 있었던 곳도 한동이고, 선배, 교수, 목사님들로부터 상담 받을 수 있는 귀한 곳도 한동이었습니다.

그리고 무엇보다도 하나님을 예배하며 개인에서 벗어나 공동체, 한동, 대한민국, 열방을 위해서 기도할 수 있는 곳도 한동이었습니다.

우리 한동대는 신학대학교가 아니지만 신학을 학문으로 접하며 사람을 낚는 학부를 만들어 수강할 수 있어서 감사할 뿐입니다.

이토록 언제나 완벽하게 길을 이끄시는 하나님께 감사하고 더욱더 신뢰하는 삶을 살기를 원하며 글을 맺습니다.

내가 다니는 곳이 명문대학

주예찬(20, ICT 창업학부)

이름에서 볼 수 있듯이 저는 4대째 믿음의 가문에서 태어났고 할아버지도 아버지도 목사님입니다.

중학교 때 저는 '머리 좀 좋은 놈' 이라는 교만으로 과학고등학교에 입학했지만, 공부도 어려웠고, 성적도 좋지 않아 이내 교만은 꼬리를 감추고 더 나아가 교우 관계도 원만하지 않았습니다. 그런 과정들 사이에서 깊은 우울감도 겪어보고 많은 어려움을 겪으면서 스스로 많이 무너지고 힘들어했던 기억이 납니다.

그러던 중 제가 진짜 하고 싶은 일이 뭔지, 좋아하는 것은 뭔지에 대해 깊게 고민했습니다. 고등학교 3학년이 되고도 한참 후에 운동을 좋아하고 인체에 관심이 많았던 저는 '스포츠과학'이라는 분야로 진로를 정했습니다. 늦게 시작한 수

능준비와 시험장에 시계를 가지고 가는 것을 몰라서 수능성적이 기대한 것만큼 나오지 않았습니다.

제가 원하는 대학 외에 부모님은 꼭 한동대를 지원하기를 원하셨고, 합격해도 가지 않겠지만 효도하는 마음으로 한동대에도 지원하게 되었습니다.

수능성적뿐만 아니라 실기까지 봐야 하는 지원한 대학에 모두 떨어지고 재수를 할 생각을 했으나 자신이 없었고, 다행히 한동대학교에 합격하게 되었습니다. 그 때 합격소식을 들은 어머니의 기쁜 눈물을 지금도 잊을 수 없습니다.

코로나로 인해 첫 학기를 전면 온라인으로 진행하며, 집에서 혼자 생각하는 시간이 많아졌습니다. 과학고 동기들과 제 자신을 비교하며 자존감과 자신감이 떨어지게 되었습니다. 하나님께서 교만한 저를 낮추시는 과정이었다는 것을 지금은 알고 있습니다.

그리고 다른 학교에서는 상상도 하지 못하지만 두 번째 학기부터 우리 한동대학교는 캠퍼스에서 생활하게 되었고, 현재 네 번째 학기까지 모두 정상적인 캠퍼스 생활을 하면서 저의 삶에 많은 변화가 있었습니다.

그리고 이 모든 변화의 중심에는 '한동대학교'가 있었습니다. 한동대학교에 하나님 안에서 존재하는 많은 문화들을 통해서 저는 변화할 수 있었습니다.

첫째로 '새섬새내기팀'입니다.

오로지 새내기를 섬기고자 하는 마음만 가지고 그 어떠한 대가도 받지 않고 '새섬[1])'에 지원한 선배들과 입학한 동기 친구들 10명이 한 팀

1) 새내기 섬김이

이 되어 학교에 적응하는 것을 서로 돕는 한동의 문화입니다.

과학고 시절 느꼈던 소외감 때문에 낯선 사람들을 만나는 것을 꺼려하고 힘들어했던 저에게 갑자기 생긴 11명의 공동체는 굉장한 스트레스였습니다. 하지만 그런 저의 마음을 열게 해준 것이 바로 새내기섬김이 였습니다. 새섬은 제가 인간관계에 대해 어떠한 생각을 가지고 있고, 어떻게 그런 생각을 가지게 되었는지 알고자 노력했고, 그런 저의 생각과 마음을 이해해주며 배려해주었습니다.

지금 와서 생각하니 이 과정은 하나님께서 저를 위해 준비하신 발판이었다고 생각합니다. 한동대학교 안에서 마주하게 될 더 많은 공동체들을 경계심 없이, 부담 없이 만날 수 있게 하신 과정이었던 것 같습니다.

둘째로 교수님도 포함된 '팀제도'입니다.

한동대학교 안에는 RC[2)라는 문화가 존재하고 각 RC안에서 서른 명 중반 정도

2) Residential College

의 인원으로 '팀'이 만들어집니다. 각 팀별로 한 분의 교수님이 지도를 맡게 되고 이 팀은 한 해 동안 유지됩니다. 그저 무늬만 공동체인 것이 아닌, 한 해 동안 '팀모임'을 진행하고 팀 단위로 여러 가지 활동에 참여하면서 교제가 이루어집니다.

새섬새내기 팀을 통해 훈련을 받았지만, 갑자기 제 앞에 나타난 30명 남짓의 사람들은 당시 제게 큰 어려움으로 다가 왔습니다.

첫 팀 모임 시간에 서로 소개하고, 공통점을 찾으며, 금방 친해지는 모습이 저에게 신기하면서 동시에 낯설게 다가왔고, 어느 정도 부럽다는 생각도 가졌습니다. 감사하게도 팀에는 팀 활동에 적극적이고, 활발한 선배들이 많이 있었고, 이들의 도움으로 저희 팀은 학기 초반부터 빠르게 좋은 팀 분위기를 만들어나갈 수 있었습니다.

팀 모임이 진행되면서 느꼈던 것은 이 공동체가 하나님 안에서 다 같이 성장해 간다는 것이었습니다. 팀 모임을 시작하기 전, 15~30분 정도의 시간을 활용하여 같이 말씀을 듣고 묵상하며 서로 나누는 시간이나, 팀 모임을 시작하기 전 팀장님 혹은 교수님께서 해주는 기도, 팀 안에서 서로 영향을 주고받으며 각자 성장할 뿐만 아니라 공동체로 같이 성장해나가는 모습을 보며 하나님께서 왜 공동체를 중요하게 생각하시는지, 그리고 왜 저에게 이런 공동체를 주셨는지 깨달았습니다.

이런 공동체를 통하여 저는 '코이노니아'에 대해 알게 되었습니다. 하나님께 속한 자들이 서로 교제하고 나누며 사랑하는 모습이 얼마나 보기 좋고 아름다운지 깨달았고, 예수님께서 말씀하신 네 이웃을 네 몸과 같이 사랑하라는 말을 어떻게 행하는지 깨닫게 되고, 저에게 적용할 수 있게 되었습니다.

그리고 새섬문화와 팀문화를 통해 여전히 어느 정도 닫혀있었던 저의 마음이 완전히 열리고, 타인에 대한 경계심을 많이 줄이는 결정적인 요인이 되었습니다. 또한, 하나님 안에서 함께하는 공동체의 선함과 아름다움에 대해 알게 되어, 다른 공동체를 경험해보고 싶다는 생각도 갖게 되었습니다.

셋째로 '총학생회'입니다.

앞장서서 활동하기를 좋아하지 않는 저에게 총학생회라는 선택은 굉장히 낯설고 어려운 자리였습니다. 대학교 익명 커뮤니티에서 보이는 말들이나 주변에서 들리는 말들에 의하면 욕도 많이 먹고 스트레스만 쌓이고 얻는 것은 없는 그런 자리 같았습니다. 하지만 총학생회에 들어가는 결정을 내릴 수 있었던 가장 큰 원인은 그동안 제가 느낀 '섬김'이었습니다. '새섬'과 '팀'의 '섬김'이 있었기 때문입니다.

하나님께서 저에게 이런 섬김을 그저 받기만 하는 것이 아니라 나눌 수 있는 사람이 되라는 감동을 주셨고, 이러한 마음가짐으로 총학생회에 지원하게 되었습니다.

총학생회의 대부분의 사람들은 어떤 대가보다 섬김을 위해서 존재하는 사람들입니다. 초과된 학기 수로 인해 장학금을 받지 못해도 섬기고, 장학금을 받아도 장학금을 받지 못하는 국원들을 위해 그 장학금을 사용하는 선배들도 많습니다. 그리고 자신의 자리에 책임감을 느끼고 총학생회로서 학생들의 학업, 생활, 복지 등을 위해 열심히 일하는 그들의 자세를 통해 저도 그들의 태도를 본받으며 섬김의 자세에 대해 많이 배웠습니다.

이러한 문화 속에 존재하는 총학생회와 그들의 섬김을 통해서 기독교인의 삶과 예수님의 발자취를 따라가는 것이 어떠한 것인지 많이 배우고 있고 실천하기 위하여 노력 중입니다.

한동 대학교가 국내 최고의 대학은 아닙니다. 분명히 한동 대학교보다 입학성적이 높고, 각종 지표에서 앞서는 몇몇 대학교가 있습니다.

그러나 어머니가 저에게 말씀하신 것이 기억납니다.

"하나님이 보내신 대학이 최고의 명문대학이야. 그러니까 너에게 한동대는 명문대학이지. 이렇게 모든 분들이 기도하는 대학이 어디 있니? 엄마는 정말 너무 감사하다!"

이제 조금씩 그것이 무엇을 말하는지 알아가는 듯합니다.

문화를 통하여 학생들에게 기독교인의 삶에 대해 일깨워주는 대학,
기독교의 가치를 전달해주는 대학,
예수님의 자세를 본받는 삶을 살 수 있도록 도와주는 대학,
이러한 자세와 가치들을 바탕으로 세상에 선한 영향력을 전파할 수 있도록 도와주는 대학,

이런 대학은 한동대학교밖에 없다고 생각합니다.

한동대학교에서 생활하면서 인간적으로도, 신앙적으로도 많이 성장할 수 있었습니다. 한동대학교에서 생활하는 저의 모든 순간에 주님이 함께하시고 이끄셨던 것을 수많은 과정들을 통해 알게 되었습니다.

이제는 항상 어떤 일이 생기든지 주님께서 최선의 순간을 위해 인도하심을 알고 저에 대한 부정적인 생각이나 상황들에 대한 원망 대신, 주님께서 말씀하고 하시는 것이 무엇일지, 어떤 길로 이끄시는 것일지를 생각하며 지내고 있습니다.

이러한 생각들을 가지게 된 것은 다 한동대학교 안에서 제가 성장해왔기에 가능한 것 같습니다.

이러한 한동대학교의 문화와 가치를 더욱 많은 사람들이 경험했으면 좋겠다는 생각이 듭니다. 그리고 이러한 가치들을 통하여 세상을 바꾸는 한동인들이 더욱 늘어났으면 좋겠습니다.

그리고 제가 먼저 그런 사람이 되고 싶습니다.

나는 끌려갑니다

명지수(18, 법학부)

누구에게나 그렇겠지만 저에게 한동은 특별합니다. 한동은 수많은 대학들과는 다른 점이 너무나도 많습니다.

저는 기독교 대안학교를 다니던 중 한동대학교 학생이었던 친형의 추천을 받아 G-Impact 캠프에 참가했습니다. 2박 3일의 짧은 시간이었지만 정말 한동에 오고 싶어졌습니다.

한동에 오고 싶었던 많은 이유가 있었지만 그중 하나는 채플에 있던 현수막에 쓰여 있는 글씨였습니다. 그 당시 "Why not change the Handong first?"라는 문구가 적혀있었습니다. 저는 이 문구를 보고 교회 역사 속에 신앙 갱신운동을 떠올렸습니다. 로마 가톨릭교회의 변화를 요구하며 등장했던 프로테스탄트 개혁가들처럼, 신앙의 자유를 찾아 신대륙으로 떠난 청교도들처럼, 이기주의적인 세상에서 하나님의 뜻을 실천하려는 한동의 모습에 감동받았습니다. 겉으로만 하나님의 대학이라고 하는 것이 아니라 정말 하나님의 대학이 되려고 하는 열정을 보았기 때문에 저도 같이 변화되고 싶었습니다.

결국 양육되고 변화되어 "Why not change the world", 세상을 바꾸는 하나님의 사람이 되기를 소망했습니다.

그렇게 하나님의 은혜로 한동에 오고 나서 제일 하고 싶었던 것은 동아리활동이었습니다. 그래서 작사 작곡 동아리 NEO에 들어가게 되었습니다. NEO는 기독교 동아리가 아닙니다. 하지만 정모는 물론 모든 동아리 활동은 기도로 시작했습니다. 꼭 기독교 관련 동아리가 아니더라도 한동은 하나님을 예배하기 위해서 모인 공동체라는 것을 잘 알게 되었습니다.

동아리 활동을 하면서 제가 만든 곡으로 공연을 하거나 사람들에게 들려줄 때 반응이 오니 더욱 애착이 가게 되었습니다. 제가 만든 곡으로 누군가가 위로를 받고 행복해하는 것을 보았습니다. 문득 하나님의 창조의 기쁨을 아주 살짝 맛보지 않았나 하는 생각이 들었습니다. 하나님이 인간을 창조하실 때 "보시기에 좋았더라"가 아니라 "보시기에 심히 좋았더라"라고 말씀하신 것이 떠올랐습니다. 우리의 창조주 되시는 하나님의 엄청난 기쁨을 아주 조금이나마 작사 작곡 동아리

NEO 활동을 하면서 조금씩 알게 되었습니다.

그렇게 1년을 보내고 나서 저는 신앙이라는 것에 대한 진지한 고민을 하기 시작했습니다. 모태신앙으로서 어렸을 때부터 자연스럽게 교회에 가게 되고 주일날에 교회에 가는 것이 너무나도 당연했습니다. 또한 음악을 좋아해서 자연스럽게 교회에서 찬양팀에 속해 악기를 연주하거나 찬양을 부르곤 했습니다. 하지만 현실에서 겉모습은 굉장히 신실한 사람이라는 이미지로 비쳤지만 마음속에서는 전혀 그렇지 않다는 것을 저는 알고 있었습니다.

그러던 중에 EHDS[1]라는 제자훈련이 있다는 것을 알게 되었고 말로 설명하

1) English Handong Discipleship School

기 힘든 어떤 강력한 느낌이 들었습니다. 뭔가 이 제자훈련에 참여하면 하나님과의 관계가 회복될 것만 같았습니다. 그렇게 EHDS에 참여하게 되었고, 하나님과 저의 관계를 회복하는데 꼭 필요한 시간이었습니다. 하나님의 말씀을 공부할 때 저는 비로소 하나님과의 관계가 회복되는 것을 느꼈고 죄를 멀리해야 한다는 것을 느꼈습니다. 필리핀으로 제자훈련 선교를 떠나서 '라굼'이란 동네에서 자연을 봤을 때 이 아름다운 창조세계들을 만드신 하나님의 선하신 뜻을 아주 조금이나마 알게 되었습니다. 한 달간의 제자훈련은 하나님을 새롭

게 알게 하였고, 내 마음속에 정한 마음을 새롭게 부어주는 시간이었습니다. 한동에서 한 일 중 정말 잘했다고 생각하는 제자 훈련이었습니다.

제자훈련에서 배웠던 것 중 정말 중요하다고 생각되는 것은 주님만 우리의 참된 생명이 되신다는 것과 참된 생명이 우리 안에 흐르기 위해서는 주님의 말씀을 꾸준히 읽고 기도 하는 것이 너무나도 중요하다는 것을 알게 되었습니다. 다른 어떤 것들도 나를 만족하게 하지 못하고 오직 주님의 말씀만 이 나를 만족하게 한다는 사실을 잘 알게 되었습니다. 주님이 모든 것의 답이시라는 것을 알게 되었습니다. 이것을 알았다 는 것은 너무나도 큰 축복인 것 같습니다.

세상 사람들은 인생을 살아갈 때 너무나도 많은 혼란 속에서 살아가며 소망을 가진 사람들을 찾기 힘들다는 것을 군 생활하면서 알게 되었습니다. 앞으로 가야 하는 이유나 열 심히 노력해야 하는 이유가 없고, 삶의 소망이 없어서 혼란스 러워하는 청년들을 많이 보게 되었습니다. 요즘 대한민국 청 년 자살률이 높은 것도 이런 이유에서 나오는 것 같다는 생 각을 하게 되었습니다.

예수 그리스도 하나로 모든 것이 답이 되고 해결이 되는 데 안타까운 마음뿐입니다. 예수 그리스도로 인해서 우리는 앞으로 나아갈 수 있고 열심히 노력하고 그분만이 우리의 소망이 되십니다. 이 변함없는 진리를 많은 사람들이 알았으면 좋겠습니다. 그러기 위해서는 우리의 행실 하나하나가 너무나도 중요한 것 같습니다.

또한 한동에서의 예배의 자리는 하나님께서 한동을 통해 저를 만들어가신 도구 중 하나일 것입니다. 한동에서 제가 가장 좋아했던 예배의 자리는 "끝시간예배"였습니다. 하루의 끝을 찬양과 기도와 말씀이 있는 예배로 마무리할 수 있는 것은 참 크나큰 축복이었습니다.

처음으로 끝시간 예배에 간 날이 생각이 납니다. 첫 찬양은 '나는 아무것도 아닙니다'라는 찬양이었습니다. 그 찬양을 듣자마자 눈물이 와르르 쏟아졌습니다. 평소에 저는 눈물을 흘리거나 운 경험이 거의 없는데, 무슨 이유에서인지 그날 첫 찬양을 듣는데 눈물이 왈칵 쏟아졌습니다. 그 이후로 눈물샘이 터졌는지 찬양을 듣거나 부를 때 눈물을 흘리는 경우가 종종 있습니다. 참으로 신기한 경험이었습니다.

그렇게 끝시간예배에 회중으로 참석하다가 후에 중보기도자로 섬기게 되었습니다. 처음에는 중보기도자라는 자리가 굉장히 신기했습니다. 예배 팀원 안에 중보기도자라는 자리가 있는 것을 한동에서 처음 봤기 때문입니다. 중보기도 하는 자리이기에 사실 겉으로 보이기에는 아무것도 하지 않는 것처럼 보일 수 있습니다. 하지만 보이지 않는 자리여서 겉으로 드러나지 않을 수 있지만 그 누구보다도 예배팀에 필요한 팀원이 중보기도자라는 것을 알 수 있었습니다.

사실 중보기도자로 섬길 때 기도에 대해서 고민을 한 적이 있습니다. 우리는 대체 왜 기도를 해야 할까? 무언가를 바래서 기도하는 것이라면 그것은 기복 신앙인 것이 아닌가? 의문이 들었던 때가 있습니다. 그 의문에 대한 답은 제자훈련 때 풀렸습니다. 우리가 기도를 하는 이유는 우리가 기도하는 것 그 이상으로 이루실 하나님께 의뢰하는 것입니다. 또한 이웃을 사랑하는 가장 강력한 무기라는 것을 깨닫게 되었습니다. 우리가 하나님을 온 세상의 창조주라고 고백하고 우리를 먹이시고 입히시는 분이라고 고백한다면 온 세상의 주인이신 하나님께 이웃을 위해 중보기도하는 것은 최고의 이웃사랑이라는 결론을 내리게 되었습니다. 이 결론은 제가 목요 끝시간 예배팀 중보기도자로 섬길 때도 매우 큰 도움이 되었고 묵묵히 제게 맡겨진 자리에서 맡은 일을 감당할 수 있었습니다.

한동에는 6학기 동안 의무로 참가해야 하는 수요 채플이 있습니다. 채플을 예배라고 생각하지 않는 학생들도 종종 있는 것 같습니다. 그런 학생들에 대해 저는 카이퍼 RC 채플

팀에서 찬양팀 카이로스로 섬기면서 결론을 내리게 되었습니다. 우리 모두는 '말씀 없는 곳에서 선포하고 기도 없는 곳에서 기도해야 하는' 그런 사람들이라는 것입니다. 언젠가는 우리의 목소리가 광야의 외치는 소리가 될 것이라는 생각을 하게 되었습니다.

그런데 광야에서 외쳐야 할 시기가 너무 빨리 다가왔습니다. 바로 이듬해 기독교 군종병으로 군대에 입대하게 되었고, 군대 내 교회에서 자연스럽게 찬양인도자로 섬기게 되었습니다. 군교회는 한동에서 드렸던 예배와는 달리 대다수는 휴가를 받기 위해서 혹은 간식을 먹기 위해서 교회에 오는 병사들이 많았습니다. 이 예배가 저들에게 한 알의 씨앗이 되어서 꼭 지금이 아닐지라도, 언젠가 그 씨앗이 싹텄으면 좋겠다는 기도를 하게 되는 좋은 기회였습니다.

아직 군 생활을 하고 있는 저는 여전히 하나님과의 관계에 대해서 부끄러운 점이 많습니다. 내 모습을 너무나도 잘 알고, 완벽하지 않기 때문입니다.

하지만 한 가지 기대하는 것은 저의 한동 생활은 아직 끝나지 않았다는 것입니다. 앞으로 남은 한동 생활에서 일하실 하나님을 기대합니다. 군 복무 때문에 지금은 잠시 한동을 떠나 있지만, 저에게 주어진 기회인 한동에서 제가 훈련되지 않는다면 세상에 나가서 주님의 복음을 지키면서 살아가기 어려울 것이라는 것을 느꼈습니다. 한동에서 성경적 가치관이 제대로 형성되지 않는다면 세상에 나가서 매우 혼란스러울 것입니다. 그렇기 때문에 남은 2년의 한동 생활동안 더욱더 주님과의 관계가 계속해서 날마다 끈끈해지는 삶을 살아가기 소망합니다.

한동에서 공부하고 예배할 때 하루하루 우리 모두는 성장할 것이고 마침내는 세상을 바꿀 수 있는 그날 까지 열심히 노력해야 할 것입니다.

WELOVE의 "나는 끌려갑니다"라는 찬양의 가사처럼 주님께서 저를 끌어가실 것이기에 제가 많이 넘어진다 하더라도 끌고 가실 것임을 알기에 오늘도 위로가 됩니다.

아직 저는 많이 부족하다는 것을 느낍니다. 언제나 그랬듯이 오늘 하나님 앞에 돌아가지만 내일 또 넘어지는 삶을 반복하고 있는 것 같습니다. 가끔씩은 이런 내가 너무 한심해서 주님을 찬양하는 것조차 할 수 없겠다고 느껴질 때가 있습니다. 하지만 그럴 때마다 한 가지 기억하는 것은 하나님께서는 나를 기다리고 계시다는 것입니다. 이 변하지 않는 사실을 매일매일 제 가슴속에 품고 앞으로 제 삶에서 일하실 주님을 기대하면서 하루하루 살아가겠습니다.

내 삶을 통째로 바꾼 한동

서단비(18, 상담심리사회복지학부)

"신은 죽었다."

　이런 생각을 가지고 있던 저는 기독교인이 아니었습니다. 한동대학교를 온 이유는 단지 다른 대학교와 차별화된 시스템이 신기해서 선택하게 되었습니다. 사실 처음에는 한동대학교에 대해 관심도 별로 없었습니다. 고등학교 2학년 겨울방학 때 우연히 알게 된 한동대학교는 '아, 한국에 이런 대학교도 있구나' 정도였었고, 그 이후로 심심할 때마다 조금씩 찾아본 게 다였습니다.

　그런데 알면 알수록 한동대학교를 가고 싶다는 생각이 강해졌고 고등학교 3학년 때 담임 선생님과 부장 선생님에게 한동대학교가 아니면 대학교를 가지 않겠다고 말할 정도로 간절해졌습니다. 저도 그때만 생각하면 왜 그렇게 간절했는지 모를 만큼 한동대학교를 가야만 할 것 같았고 다른 대학교는 눈에 들어오지도 않았습니다. 그렇게 저는 뒤늦게 안 한동대학교를 가기 위해 최선을 다했고 결국 한동대학교에 합격하게 되었습니다.

저는 한동대학교가 기독교 대학이라는 것에 대해 깊은 생각을 하지 않았었고, 면접 때 교수님이 기독교 학교인데 괜찮겠냐고 물으셨을 때도 문제없다고, 잘 적응할 수 있다고 자신 만만하게 대답을 했습니다. 그렇게 한동대학교에 합격이 되었는데 어머니께서 그래도 기독교 학교인데 교회를 한 번 가보는 게 어떻겠냐고 말씀 하셨고, 가벼운 마음으로 저희 집 앞에 이모가 다니는 교회를 가보았습니다. 그렇게 입학 한 달 전부터 교회를 가기 시작했고 제가 한동대학교를 가고 난 이후에도 어머니는 꾸준히 교회를 다니셔서 결국 아버지와 남동생, 할머니와 할아버지까지 다 전도를 하셨습니다.

그렇게 입학한 한동대학교는 저에게 너무나 새로웠습니다. 낯선 상황 속에서 적응을 하느라 최선을 다했고 바쁘게 하루하루를 보냈습니다. 많은 사람들을 만나면서 기독교인 친구들의 나눔과 간증도 들었고 비기독교인 친구들과 함께 놀기도 했습니다. 그러나 생각보다 문제는 빠르게 찾아왔습니다. 기독교에 대해 아무 생각도 감정도 없었는데, 채플을 가면 무릎 꿇고 울며 찬양을 하는 사람들을 보면서 반감이 점점 생기기 시작했습니다. 그들을 보면서 불편한 감정이 생겼고 좋지 않은 시선으로 바라보게 되었습니다. 점차 기독교인들을 이해할 수 없었고 갑자기 한동대학교 전체가 적응이 되지 않았습니다.

그런데 한편으로는 사람들의 간증을 들으면서 생각이 들기도 했습니다.

"정말 하나님이 있으시다면 나도 인격적으로 만나보고 싶다."

그렇지만 저의 행동은 점차 기독교인이 아닌 친구들과 어울리는 횟수가 더 많아졌고, 수업을 빠지고 밤에 술을 마시러 나가는 등 제 중심적이고 즐거움을 추구하는 생활을 하기 시작했습니다. 그러나 늘 그 뒤에는 공허함이 찾아왔고 그 다음 날이 되면 너무나 우울했습니다. 목적도 방향도 없이 사는 것만 같았고 무엇을 위해 여기까지 왔는지 회의감이 많이 들었습니다. 그렇게 한 학기를 버텼고 종강하자마자 도망치듯 집으로 내려갔습니다. 그런데 방학 때 간 집에는 예전과 사뭇 분위기가 달라졌습니다. 어머니께서 교회를 다니시면서 많이 변하셨고 집에는 CCM만 나오기 시작했습니다. 그렇게 저는 CCM이 듣기 싫어서 집에 있지 않았고 독사의 혀로 기독교를 저주했습니다. 지금 와서 어머니께 그 때의 이야기를 들어보면 눈이 너무 악독했다고, 제가 아닌 것만 같아서 무서웠다고 이야기하십니다. 저도 그때의 저를 생각하면 사탄과 다를 바가 없었고 예수님이 아니셨다면 지옥 불구덩이에 가장 먼저 떨어졌을 거라고 생각합니다. 그렇게 기독교의 반감이 가장 극대화되어 한동대학교에 다시 갔고 1학기 때와는 달리 방 밖을 나가지도, 사람을 만나 어울려 놀지도 않았습니다. 혼자만의 시간이 필요했고 사람들과 즐겁게 놀았을 때 항상 찾아왔던 공허함과 허무감을 느끼고 싶지 않아서 그냥 방에만 있었습니다.

결국에는 그렇게 오고 싶었던 한동대학교를 '자퇴'하기로 결심했습니다. 대학교에서 제 소망을 찾을 수 없을 것만 같아서 이렇게 있는 것보다 공무원 시험을 준비하는 것이 더 효율적이라고 판단했습니다. 그렇게 자퇴를 결심하였는데 제 주변 모든 사람들이 저의 선택을 반대하였습니다. 새내기 섬김이 언니가 전공을 한 번만 들어보고 그 때도 아니다 싶으면 자퇴를 해도 늦지 않고, 아직 일학년이라서 그렇다고 조언을 해 줘서, 딱 한 학기만 더 있다가 전공을 듣고 자퇴를 결정하기로 했습니다.

그리고 저는 그 남은 한 학기를 한동대학교가 그렇게 추구하는 가치인 '기독교'에 대해서 알아보고자 결심했고, 바로 그 다음 학기에 CCC라는 동아리를 들어갔습니다. 그리고 그 학기에는 여러 가지 힘든 일들이 생겼습니다. 제가 속한 공동체에 문제가 생겨서 사람을 의지할 수가 없어졌고 혼자 남겨진 것 같은 기분이 들었습니다. 그렇게 저는 절망 가운데 처음으로 하나님을 찾았고 혼자만의 시간이 필요해서 기도실을 가기 시작했습니다. 처음에는 혼자 울고 나오고 쉬고 나왔다면 점차 하나님께 이야기하기 시작했고, 하나님이 계시다면 지금 제 기도를 듣고 계시는지, 왜 나는 다른 사람들의 간증처럼 인격적으로 만나주시지 않는지 오히려 하나님께 원망을 돌렸습니다.

그러다 CCC에서 '사마리아 여인'의 이야기를 듣게 되었고 그 말씀으로 많은 위로를 얻게 되었습니다. 그 후에 저는 단 한 가지 기도만 했습니다.

"제발 저를 인격적으로 만나주세요. 저도 하나님을 느끼고 싶어요. 제가 죄인인 것을 알게 해주세요."

그러나 인격적인 하나님을 느끼지 못하고 가장 힘든 한

학기를 마쳤고, 방학 때 지푸라기라도 잡자는 심정으로 CCC 여름 수련회를 갔습니다. 그런데 기대하지 않았던 그 곳에서 인격적인 하나님을 만났습니다. 마지막 날, 우리가 죄인임에 대해서 목사님이 설교를 하셨는데 하나도 이해가 되지 않아서 설교 내내 제가 죄인임을 알게 해달라고 기도를 했습니다. 그러던 중에 하나님이 이런 마음을 주셨습니다.

"내가 너를 태초부터 계획하고 네게 이름도 주며 지금까지 모든 악에서 너를 보호하였는데 너는 나를 모른다고 하는 구나 이게 죄가 아니면 무엇이냐?"

그 순간 제가 너무나도 죄인임을 느꼈습니다. 하나님은 살아 계신 인격적인 분이시며, 그런 하나님을 모르고 이때까지 살아온 것과 하나님을 저주하고 기독교를 비난한 것이 죄임을 느꼈고, 그런 제가 죄인임을 깨달았습니다. 그 이후 바로 선교를 갔고, 하나님이 저와 동행하시고 힘이 되신다는 것을 느끼면서 하나님의 살아계심을 확실히 알게 되었습니다. 그렇게 저는 방학을 기점으로 신앙을 가지게 되었습니다.

지금 돌이켜 보면 가장 절망적인 순간이었던 그 학기가 저에게는 가장 하나님과 가까워질 수 있었던 감사한 시간이었던 것 같습니다. 그렇게 저는 하나님을 더 갈망하기 시작하였고, 그 이후 계속해서 한동대학교를 다니면서 '하심'과 'B2B'를 들어가는 등 여러 가지 신앙 공동체에 속하면서 하나님을 알고자 노력했습니다.

결국 하나님이 저에게 은혜를 베풀어 주셔서 그분을 아는 것을 허락하셨고, 처음으로 평온하고 공허함을 느끼지 않는 학기를 보내게 되었습니다.

그 후에 한 학기를 휴학했고 다시 돌아온 한동대학교에서는 또 제가 주인이 되는 삶을 살기 시작했습니다. '코로나'로 인하여 사람들을 만나지 못하고 주일날 교회에 참석하기 어려운 상황이 되자 점차 하나님의 은혜를 잊고 하나님 앞에 서있지 못하고 하나님을 떠나 제 마음대로 살아가기 시작했습니다. 사람을 좋아하는 저이기에 한동대학교에 돌아오자마자 다양하고 많은 사람들을 다시 만나느라 정신이 없었고 그 사람들이 저에게 우상이 되어 하나님보다 사람을 더 사랑했습니다. 제 욕심대로 사람을 섬기기 시작했고 하나님보다 제가 더 앞에 있었습니다.

결국 사람을 의지하니 다시 공허함이 찾아왔고 회의감이 들어서 제 모습이 잘못되었다는 것을 느꼈습니다. 그러나 쉽사리 하나님께로 돌아가지 못했습니다. 계속해서 넘어지고 넘어지는 제 모습이 하나님께 보여 드리기가 두렵고 부끄러웠습니다. 하나님께 다시 돌아가기가 뻔뻔하고 죄송해서, 하나님께 나아가는 것조차 염치가 없어서 오히려 더 멀리 멀어지고 떠나고 있었습니다.

그 때는 잘못된 줄 알면서도 멈출 수 없었습니다. 그런데 사람을 만나면 만날수록 힘들어져서, 사람을 의지할 수 없게 되면서 결국 돌아갈 곳은 하나님 밖에 없다는 것을 깨닫게 되었습니다. 또 절망 가운데서 빛이신 하나님만 바라볼 수밖에 없듯이 저는 제가 살기 위해서 하나님께 돌아갔습니다. 그리고 그런 저를 하나님께서는 받아주셨습니다. 반복되는 넘어짐 속에서 하나님은 저에게 돌아온 탕자 이야기를 듣게 하셨고, 하나님을 위해 제가 가진 것, 제 욕심 그리고 세상적인 판단들을 포기하게 하셨습니다. 또, 제가 가지고 있던 하나님에 대한 잘못된 생각들, 용서하지 않으시는 하나님이 아님을 알게 하셨고 그분의 사랑을 더욱 느끼게 하셨습니다. 하나님이 위로를 주시고 힘을 주시면서 하나님을 사랑하지 않을 수 없게 되었고 하나님의 사랑 속에서 하루하루가 행복하고 평안했습니다. 그러한 평안을 느끼게 되니 더 이상 하나님을 떠난 생활을 할 수가 없어졌고 매 순간 하나님이 저와 함께 있다는 것을 느끼게 되었습니다.

그렇게 시작된 새로운 한 해에 하나님을 더 사랑하기 위해 매일 개인적인 묵상을 시작하고, 하나님께 편지를 쓰며, 새로운 신앙동아리 'YMC'를 들어갔습니다.

그리고 올해, 또 다른 하나님을 만나게 되었습니다. 곧 졸업을 앞두고 있다 보니 비전을 명확하게 찾고 싶었습니다. 그렇게 작년부터 기도를 했는데 계속해서 '비전'을 알려주시지 않는 하나님께 재촉하기 시작했습니다. 그리고 그 속에는 원망도 있었습니다. 그런데 하나님이 주신 마음이 있었습니다.

"내가 네게 비전을 보여주려고 해도 너가 나와 세상을 겸하여 섬겨서 보여줄 수가 없다."

제 마음 속에 찔림이 되었습니다. 세상적인 욕심과 판단들을 포기했다고 생각했는데, 사실은 재물과 하나님을 겸하여 섬기고 있었고, 하나님이 주신 비전과 사명을 외면하고 있었습니다. '신학대학원'이 계속 생각이 났지만 가장 낮은 곳에서 모든 곳을 포기하고 가야하는 곳처럼 느껴졌기에 쉽사리 결단하지 못했습니다. 오히려 '신학대학원'이 강압적이게 느껴졌고 제 행복을 포기해야만 할 것 같은 두려움이 컸습니다. 그런데 말씀을 읽으면서 십자가를 혼자 들고 가시는 예수님을 보게 되었고 그러한 예수님을 외면할 수 없었습니다. 가장 높은 곳에 계셔야 하는 예수님이 우리를 위해 가장 낮은 곳에 오신 것을 보고 이제는, 제가 가장 낮은 곳에 갈 테니 예수님은 가장 높은 곳에 계시기를 바라는 마음으로 온전히 '나'는 죽고 예수님으로 살아가고 싶다는 생각을 하게 되었습니다.

그렇게 정말 세상의 모든 것을 포기하게 되었고 재물도 하나님께 맡겨드리게 되었습니다. 그렇게 온전히 재물을 맡겨드렸을 때 하나님의 채우심과 역사하심을 느낄 수 있었고, 응답하시고 내 모든 것을 책임지시는 하나님을 보면서 염려와 두려움이 사라지고 모든 것에 감사함을 느끼게 되었습니다.

그리고 예수님을 모르고 사는 사람들을 보면서 저들도 외면할 수 없다는 생각과 함께 성령님이 예수님의 마음을 부어 주셔서 그들에게 하나님을 전하고자 하는 마음이 커져서 결국 신학대학원을 결단하게 되었습니다. 또한 이미 모든 것을 가진 자로서 평생을 하나님과 동행하며 하나님의 나라와 뜻을 위해 살아가고 싶다는 생각이 들었고 하나님과 함께라면 두려울 것이 없기에 신학대학원이 두려움이 아닌 설렘으로 바뀌게 되었습니다.

결국 말씀을 통해 예수님을 보게 되었고 한동대학교로 인하여 신학대학원까지 생각하며 비전을 찾을 수 있었습니다. 지금 제가 가지고 있는 비전은 특수 사역입니다. 쉽지 않은 일인 줄 알지만 가장 낮은 곳에 내려가 제 삶을 통하여 하나님의 말씀을 전하고 싶습니다. 법의 보호를 받지 못하는 사람들, 폭력적인 상황에 노출되어 있는 사람들에게 가서 하나님을 전하고 그들 중 한 사람의 인생이라도 변할 수 있다면, 그렇게 만들 수 있다면 그것에 제 소명이고 하나님이 가장 기뻐하시는 일이지 않을까 생각합니다.

한동대학교로 인하여 하나님을 만나고 신앙을 가지게 되었습니다. 한동대학교를 통하여 하나님이 역사하심을 느낄 수 있었습니다.

저에게 한동대학교는 제 삶의 전체를 바꾼 하나님의 대학입니다.

20살 때의 저와 지금의 저는 생각도 가치관도 추구하는 것도 다 다르다고 이야기할 수 있습니다. 청년일 때부터 하나님의 말씀 위에서 하나님의 뜻에 맞는 삶과 꿈을 꾸고 싶습니다. 매일 말씀을 붙들고 살아가니 제 삶의 주권을 하나님께 드리게 되었고, 어떤 것이 진리인지 알게 되면서 제 가치관도 그 진리 위에 정립하게 되었습니다.

결국 이 모든 것이 은혜였고 하나님이 허락하신 일이었으며 계획하신 일이었습니다. 하나님은 계획하신 일을 반드시 이루시는 분이십니다. 제가 하나님을 선택한 것이 아닌 하나님이 저를 선택하셔서 이곳까지 올 수 있었습니다.

마지막으로 하나님께 모든 감사와 영광 올려드리며 저의 간증은 여기까지 하겠습니다. 감사합니다.

우리가 알거니와 우리의 옛 사람이 예수와 함께 십자가에 못 박힌 것은 죄의 몸이 죽어 다시는 우리가 죄에게 종 노릇 하지 아니하려 함이니(롬 6:6)

대통령이 못하는 세상 바꾸기

정다은(18, 국제어문학부)

어릴 적 꿈은 대통령이었습니다. 어린아이의 눈에도 이 세상에는 바꿔야 할 게 참 많았나 봅니다. 지낼 곳 없어 서성이는 발걸음들, 어두운 곳에서 방황하는 청소년들, 행복하지 않아 보이는 사람들. 저는 대통령이 되어 행복한 세상을 만들고 싶었습니다. 갈 곳 잃어 방황하는 이들이 삶의 이유를 찾고, 삶의 무게에 지쳐 축 처진 어깨가 다시 펴지는 세상을 만들고 싶었습니다. "어떻게 이렇게 훌륭한 나라를 만들 수 있었나요?"라는 질문 세례를 받는 대통령을 꿈꿨습니다. 제게 있어서 세상을 변화시키는 방법은 시끌벅적하고 거창한 것이었는지도 모릅니다.

"WHY NOT CHANGE THE WORLD?"

"세상을 바꾸자!"

한동대학교는 외치고 있었습니다.

저는 세상을 바꾸겠다는 꿈을 가지고 한동대학교에 지원했습니다. 이름만 들어도 모두가 아는 사람이 되고, 돈도 많이 버는 사람이 되어야 세상을 변화시킬 수 있다고 생각했습니다. 전 세계적으로 영향력을 행사할 수 있는 글로벌 인재가 되어야겠다는 포부를 가지고 한동대학교에 입학했습니다. 그러나 한동대학교는 제가 가진 개념과 이상을 전부 깨뜨리고, '세상'이 무엇인지부터 새롭게 가르쳐주었습니다.

한동대학교에 처음 들어왔을 때, 새내기섬김이 언니와 오빠를 만났습니다. 새내기인 저희가 학교에 잘 정착하고 적응할 수 있도록 아무런 대가 없이 도와주었습니다. 수강신청은 어떻게 하는지, 강의실은 어떻게 찾아가야 하는지, 교수님과 면담은 어떻게 해야 하는지 일일이 가르쳐주었습니다. 밥은 잘 챙겨 먹고 다니는지 물어보고, 시간이 될 때마다 함께 밥을 먹고 산책도 하며 시간을 보냈습니다. 힘들다고 말하는 저희를 따뜻하게 위로해 주고, 잘할 수 있다고 격려해 주었습니다. 저와 함께 입학한 동기 새내기는 새내기섬김이가 교내 근로이고, 정해진 급여를 받는 줄 알았다고 합니다. 돈을 받고 일하는 것처럼 보일 정도로 열정적으로 새내기들을 돌보고 사랑해 주는 새내기섬김이는 어떠한 대가도 받지 않고 저희가 새내기라는 이유로, 한동인이라는 이유로 사랑해 주었습니다.

선배들을 만났습니다. 기숙사 RC로 맺어진 팀과 동아리, 그리고 각기 다른 수업에서 선배들을 만났습니다. 새내기와 나이 차이가 많이 나 봤자 6살 정도인 같은 20대 대학생이었습니다. 선배들은 만날 때마다 먹고 싶은 걸 고르라고 하였습니다. 밥을 어찌나 많이 얻어먹었는지, 면목이 없어질 정도였습니다. 미안한 마음에 카드를 꺼내 계산대로 달려갈 때마다 언니와 오빠들은 제 팔을 잡으며 이렇게 말했습니다.

"새내기 때 많이 얻어먹어. 그리고 선배가 되면 새내기들한테 많이 사줘. 그거면 돼. 나도 새내기 때는 그랬어."

한 언니는 집에서 따뜻한 옷을 챙겨오지 못한 저에게 자신의 바람막이를 빌려주며 주문한 바람막이가 도착할 때까지 입으라고 해주었습니다. 그러고선 정작 본인은 겹겹이 껴입은 옷으로 며칠을 버텼습니다. 선배들이 건넨 도움의 손길은 대가를 바라는 손길이 아니었습니다. 아무런 대가 없고, 이유 없는 사랑이었습니다. 그리고 모두가 하나같이 똑같은 말을 했습니다.

"나도 새내기 때는 그랬어. 나중에 선배가 되었을 때 받은 사랑을 전하면 돼."

교수님을 만났습니다. 성인이라고는 하지만 아직도 고등학생 티가 다 벗겨지지 않은 햇병아리 같은 저희에게 첫 질문을 던지셨습니다.

"하나님의 나라가 무엇일까요?"

예수님을 믿는다고 했지만, 하나님의 나라에 대해 진지하게 생각해 본 적이 없었습니다.

"그러게요. 저도 모르겠네요. 하나님의 나라가 무엇이죠?"

제 안에 물음이 생겼습니다. 교수님께서 말씀하셨습니다.

"하나님의 나라란 하나님께서 다스리시는 곳이에요. 하나님의 다스림은 지금 내가 살아가고, 발 디디고 있는 모든 곳에 임해야겠죠? 기숙사 방, 식당, 심지어 내 컴퓨터 하드디스크까지 모두 하나님의 나라입니다. 내 삶 구석구석 하나님께서 다스리시나요? 그곳에 하나님의 나라가 임했나요?"

교수님의 첫 마디에 제가 그동안 그려오던 '세상'과 '나라'의 개념이 깨지기 시작했습니다. 세상을 바꾸겠다는 마음은 가졌으나, 정작 하나님의 나라도 제대로 몰랐던 것입니다.

"내 안에 진정한 하나님 나라가 임했는가? 내가 발 디디는 모든 곳에 하나님의 다스림이 임했는가?"

저는 확신할 수 없었습니다. 하나 확실한 것은, 제 안에 하나님의 나라가 임하지 않으면 세상을 변화시킬 수 없다는 것이었습니다. 한동에서 들은 교수님의 첫 마디가 하나님의 나라를 바라보고 꿈꿀 수 있게 하였습니다.

친구들을 만났습니다. 같은 학번, 같은 동아리, 같은 기숙사라는 이유로 서로를 알게 되었습니다. 하지만 단순히 밥을 먹고, 커피를 마시고, 재미있게 이야기하는 친구로 남지 않았습니다. 가슴속에 품은 꿈과 비전을 지지하고 격려하며 하나가 되어 갔습니다. 비전에 대한 깊은 대화를 시작하는 첫 질문은 항상 이랬습니다.

"너는 왜 한동에 오게 됐어?"

그리고 답이 이어집니다.

"나는 다음 세대를 위로하고 격려하는 교육자가 되고 싶어서 오게 됐어."
"나는 소외된 이웃들을 돕는 법률가가 되고 싶어서 오게 됐어."
"나는 개발도상국의 지속가능한 발전을 돕는 사람이 되고 싶어서 오게 됐어."

서로 대화를 나눌수록 앞으로 그려나갈 미래가 기대되었습니다. 언뜻 보면 각자 꿈꾸는 삶이 달라 보이지만, 결국 저희 삶의 목적은 단 하나, 아파하는 세상에 생명 되신 예수 그리스도를 전하는 것입니다. 가슴 속 품은 비전이 공유되고 예수 그리스도를 함께 바라볼 때, 저희는 비로소 '친구'를 넘어서 '동역자'가 되었습니다.

제가 생각한 세상은 우리가 살아가는 이 사회였습니다. 사회제도와 법을 바꾸는 것이 세상을 변화시키는 방법이라고 생각했습니다. 저에게 있어서 세상을 바꾸는 힘과 능력은 유명세, 명예, 사람들의 인정, 인맥이었습니다. 하지만 은혜가 많으신 하나님께서는 저를 한동으로 인도하시고, 그분이 말씀하시는 세상을 보여주셨습니다.

한동대학교에서 배운 세상은 한 사람, 즉 한 영혼입니다.

한 사람의 삶이 변할 때, 그가 사는 세상 또한 바뀝니다. 보이고, 들리고, 느껴지는 세상이 달라지고, 바라보던 목표도 달라집니다. 한 사람의 인생이 하나의 세상이라는 것을 알 때, 비로소 세상을 변화시킬 수 있다고 생각합니다. 하나님께서 그토록 사랑하신 세상은 곧 우리이고, 그의 눈물이 고인 세상은 한 사람의 삶입니다. 한동은 세상을 바꿨습니다. 그리고 지금도 바꾸고 있습니다. 한동대학교는 포항에 있는 작은 대학일지 몰라도 세상을 바꾸는 학교입니다.

한동대학교는 제 삶을 바꿨습니다. 높은 자리에 올라가 큰 목소리를 가진 사람이 되어야만 세상을 바꿀 수 있다고 생각했던 저에게 한 영혼을 볼 수 있는 눈을 주었고, 사랑이 진정한 능력임을 알려주었습니다.

한 영혼을 변화시킬 수 있는 것은 사랑입니다. 사랑은 받은 자가 할 수 있고, 누려본 자가 할 수 있습니다. 한동대학교 안에서는 사랑을 누리고 받아본 자들이 사랑의 물결을 계속 일으킵니다. 한동이 가진 문화와 환경 속에 배어 있는 사랑은 예수님의 사랑을 닮았습니다. 세상 속에 나아가기 위해 열심히 공부하며 실력을 겸비해야 하지만, 한동은 그것만을 가르치지 않습니다. 학생 한 명, 한 명이 선한 사마리아인이 될 수 있도록 가르칩니다.

누가복음 10장에 나오는 선한 사마리아인은 강도를 만나 심하게 다친 사람을 구해줍니다. 선한 사마리아인에게는 도움이 필요한 이웃을 즉시 도울 수 있는 능력과 사랑이 있었습니다. 누가복음 10장에는 레위인과 제사장도 나옵니다. 그들에게도 실력과 능력이 있었지만 사랑은 없었습니다. 사랑이 없으면 이웃을 도울 수 없고, 한 영혼에게 생명을 전할 수 없습니다. 제가 생각하는 선한 사마리아인은 실력과 사랑으로 선한 영향력을 끼치며, 세상을 변화시키는 사람입니다. 한동대학교 안에는 세상 속에서 어떻게 사랑의 능력으로 선한 영향력을 미칠 수 있을지 고민하는 학생들이 여전히 파릇파릇하게 살아있습니다. 그 가운데 제가 함께 할 수 있음이 정말 축복이고 은혜입니다.

세상을 변화시키겠다는 열정만을 가지고 공부했다면 괴물이 되었을 것입니다. 사랑이 없이 제 기준의 행복과 이상만을 추구하며 살았을 것입니다. 그리고 그것이 세상을 변화시키는 것이고, 한 번뿐인 삶을 의미 있게 사는 것이라고 자부했을 것입니다.

하지만 하나님께서는 껍질뿐인 그리스도인에서 벗어나 한 영혼을 향한 마음을 깨닫게 하시고, 사랑을 깨닫게 하셨습니다. 한 영혼을 향한 하나님의 시선과 사랑을 직면하게 된 것은 무의미했던 제 인생 전체를 통째로 바꿔버린 은혜입니다. 그 은혜가 없었다면 하나님의 영광을 위한다는 말로 포장

하여 제 영광과 만족을 추구하며 살았을 것입니다.

저는 이제 대통령이 되고, 모두에게 알려진 유명인이 되는 거창한 것을 꿈꾸지 않습니다. 그저 제 작은 밀알 같은 삶을 통해 한 영혼이라도 예수 그리스도의 생명을 얻게 되고, 하나님의 나라를 꿈꾸며 살아갈 수 있다면 그것만으로 만족합니다. 제 모든 발걸음과 눈빛, 몸짓에 하나님의 사랑이 깃들기를 간절히 기도합니다. 사랑의 능력을 경험하며, 사랑의 능력으로 살아가는 한동인이 되고 싶습니다.

지금까지 절 인도하신 하나님의 은혜에 감사드리며, 앞으로도 신실히 제 삶을 인도하실 하나님을 찬양합니다.

하나부터 열까지 모든 것이 저 다은에게 '다 은'혜입니다.

아주 특별한 한동

김철규(17, 상담심리사회복지학부)

저는 매일 108배를 하러 갈 정도로 불교를 믿는 집안에서 태어났습니다. 제가 5살 때 어머니가 갑작스럽게 쓰러지셨고 병원에 가서 수술을 들어가기 전 담당 의사는 마음의 준비를 하라고 했다고 합니다. 그러던 중 유일한 크리스천인 큰 고모는 어린 저에게 기도해보자고 하셔서 저는 아무것도 몰랐지만, 큰고모가 하라는 대로 했습니다.

"하나님, 엄마를 살려주세요."

어머니는 기적적으로 살게 되었습니다. 물론 2급 장애라는 중증 후유증을 가지게 되었지만, 부모님과 함께 살 수 있는 것만으로도 좋았습니다. 어머니는 그 이후 큰고모의 전도로 교회를 가셨고 하나님을 인격적으로 만나 신앙생활을 하셨습니다. 어머니를 통해서 아버지와 저는 매주 교회를 나가고 신앙생활을 열심히 하였습니다. 교회 봉사도 열심히 하셨고 저 또한 어머니를 통해 교회에서 많은 행사를 참여하고 열심히 교회를 다녔습니다.

그러던 중 제가 중학교 2학년 때 어머니가 갑자기 교통사고로 돌아가셨습니다. 그 소식을 들었을 때 정말 하늘이 무너진다는 느낌을 받았고 어머니가 죽었다는 사실을 계속 부정했습니다. 장례식이 끝나고 집에 들어왔을 때 반갑게 맞아 주셨던 어머니의 목소리는 들을 수 없었고 공허함만 남았습니다.

그때부터 저는 하나님을 믿지 아니하였고, 교회도 안 나갔으며, 우울증이 오는 상태까지 처참하게 살아왔습니다. 그 삶이 너무 힘들어 자살 시도까지 하였으나 쉽게 죽지 않는 저를 보면서 하루하루 의미 없이 지나갔습니다. 그러다가 저도 모르게 교회에서 중고등부 수련회에 끌려가 억지로 시간을 보내는데 마지막 밤 3일째에 목사님의 설교 본문인 요한복음 3장 16절의 말씀의 설교를 들었을 때 그냥 눈물이 흘러나오게 되고 회개가 나오게 되며 저도 모르게 하나님에게 간구하는 저를 보게 되었습니다.

요한복음 3장 16절 말씀인 "하나님이 세상을 이처럼 사랑하사"라는 이 말이 저에게는 "하나님이 철규를 이처럼 사랑하사"라고 다가왔고 이런 나를 사랑하는 분이 있었고 그분이 나를 지으시고 나보다 나를 더 잘 아시는 하나님이시라는 것을 느낄 때 인격적으로 하나님을 믿었습니다.

그러나 제가 고등학교 1학년 때 아버지는 알코올성 치매로 인하여 직장을 실직하게 되었습니다. 외동인 저는 아버지를 부양해야 하는 실질적인 가장의 역할을 하고 있었습니다. 그렇지만 포기하지 않았습니다. 하나님의 사랑이 너무나도 크고 놀랍기 때문에 나와 함께 하실 것을 알기에 어려운 상황이더라도 저는 항상 감사함으로 살아가려고 노력하고 또 노력하였습니다.

하나님을 위해 살아야겠다고 생각하면서 지냈을 때 저는 사역을 하고 싶었습니다. 이 놀라운 복음을 더 많은 사람에게 전하고 싶었고 이 복음을 통하여 더 많은 사람과 함께 하나님을 찬양하고 싶었습니다. 이 목표를 가지고 신학교를 들어가기 위해 많은 준비를 하였습니다. 그러다 고등학교 3학년 입시원서를 내는 시기에 우연히 교회 목사님에게 한동대의 이야기를 듣게 되었습니다.

"한동대가 좋으니, 한번 고민해봐라."

하지만 그렇게까지 고민을 하지 않았습니다. 저는 신학을 배워서 사역하고 싶다는 생각을 했기 때문에 한동대에는 별생각이 없었지만 마침 6개의 원서 중 남는 원서가 있어서 한동대를 내게 되었습니다. 그냥 신학대학만 열심히 준비하고 면접까지 봤는데 신학대학은 떨어지고 한동대에 붙었습니다. 사실 한동대가 신학대학보다 월등히 성적이 좋아야 했으며 저는 그 성적에 미치지 못했는데도 결과가 제가 예상한 것과 다르게 나왔습니다.

저는 정말 많이 고민하다가 한동대 입학을 결정하였고 2017년도에 새내기로 한동을 입학하였습니다.

하지만 한동 생활이 쉽진 않았습니다. 제가 원하던 공부가 아니었기에 자퇴를 해서 다시 신학대학에 갈 생각까지 하였습니다. 그러나 믿음의 고백을 제 안에서 하고 있었습니다.

"하나님이 이곳에 보내신 뜻이 있겠지."

이렇게 한동에서 다양한 경험을 하고 학문을 배우면서 들었던 생각은 "한동은 특별하다" 였습니다. 수많은 모임을 했지만 당연하게 기도로 시작해서 기도로 끝내고, 학문을 공부할 때도 그냥 학문만 공부하는 것이 아닌 기독교적 가치관을 통해서 학문을 배우는 점이 저에게는 정말 유익한 시간으로 다가왔습니다.

"나는 너무 연약합니다. 그렇기에 내가 믿고 의지할 분은 하나님밖에 없습니다."

저의 부족한 부분들을 돌이켜보게 하고 연약한 부분들을 알게 하여서 그 부분들을 채워주시는 삶들을 보면서 하나님이 저를 이곳에서 계획하시고 예비하시는 길이 있다는 고백을 합니다. 말하는 것도 서툴렀고, 자신감만 넘친 채 계획을 하지 않고 그냥 의욕만 앞서던 제가 한동에서 많은 경험을 하면서 이러한 부분들이 보완되고 한층 더 성장해 나갔습니다. 자치회장, 사랑의 마라톤 디렉터, G-impact 디렉터로 섬기며 더욱 그러했습니다.

한동은 하나님의 은혜로 한동만의 방식으로 한동인들을 준비시키는 것 같습니다. 세상의 풍파 속에서 흔들리지 않고 더욱 굳센 믿음을 주시고 각자에게 주어진 삶 속에서 하나님의 방법을 세상을 변화시키는 작은 예수를 만들어 내는 곳이라고 생각합니다. 저 또한 하나님의 계획 안에서 한동을 통하여 섭리하신 길을 묵묵히 걸어 나가고 있다고 믿습니다.

마지막으로 한동이 저를 만들어나갈 때 가장 귀했던 것은 '사람'이었습니다. 한동에서 수많은 사람을 만났습니다. 귀한 동역자를 만났고 중보를 해줄 수 있는 사람들을 만났습니다. 각자의 삶을 나누고 이야기해보면 그 안에서 하나님의 은혜를 경험할 수 있고 정말 위대하고 놀라운 방법으로 계획하시는구나! 라는 고백을 합니다.

삶을 돌아보면 언제나 함께하시는 하나님을 보게 됩니다. 저의 삶 속에 그리고 한동에서 생활할 때 정말 수많은 고난과 역경이 있지만 그 고난을 나만 짊어지는 것이 아닌 예수님과 함께 짊어져 갑니다. 한동에서 배웠던 수많은 것들을 나만 가지는 것이 아닌 세상에도 나누고자 하는 마음이 있고 또 그것을 위해 한 걸음 한 걸음 나아가고 있습니다.

지금까지 함께하셨고 지금도 함께하시며 앞으로도 함께하실 하나님을 영원히 신뢰하며, 오늘도 나와 동행하시는 하나님을 믿고 의지하는 가운데 소중한 한동생활을 이어갑니다.

한동은 다르다

정은식(16, 국제어문학부)

[하나님의 인도하심으로 오게 된 약속의 땅 '한동']

"한동에는 어떻게 오셨어요?"

한동대학교를 처음 들어오게 되면 으레 듣게 되는 질문입니다. 우연인지 운명인지 한동에 오게 된 개개인은 각자가 다 사연이 있습니다. 한동에서 4년을 보내며 알게 된 것은 한동에 오게 된 경우는 크게 2개로 나뉠 수 있다는 것인데, 한그룹은 '한동을 이미 알고 너무 오고 싶어 했던' 이른바 '한동바라기' 유형이 있고, 또 다른 그룹은 한동을 전혀 알지 못했는데 부모님이 강권하거나 한동만 합격한 경우 등 '우연한 계기'로 한동에 오게 된 그룹입니다. 저는 후자의 경우에 속했습니다.

모태 신앙이었고 장로님 아들이었던 저는 교회에서도 모범적인 모습을 보여야 한다는 강박에 시달렸습니다. 시골에 있던 교회이기도 했고 아버지께서 빠른 시기에 장로님이 되신 터라 우리 가정에 대한 교회의 관심은 집중될 수밖에 없었고, 저는 그런 관심이 너무 싫었습니다. 고등학생이 되고 사춘기를 지나며 교회에서는 경건한 모습으로 학교에서는 그냥 마음 내키는 대로 살아가는 이중생활이 지속되었습니다.

어떻게든 경북 영천 시골에서 벗어나고 부모님의 품을 벗어나 서울로 상경하고 싶은 마음이 굴뚝같았습니다. 부끄럽지만 저는 고등학생 때부터 친구들과 어울리는 것을 워낙 좋아했던 터라 술도 자연스럽게 접하게 되었고, 부모님의 그늘을 벗어나 서울에 가서 선진 유흥(?)을 즐기고 싶은 마음이 있었습니다. 이런 생각으로 부모님과 상의 없이 내 성적에 맞춰 6개를 쓸 수 있었던 원서를 모두 수도권으로 작성하기로 마음을 먹고 원서 마감일을 기다리고 있었습니다.

그 때 은퇴하신 역사 선생님인 '박 권사님'의 한 마디가 상황을 바꾸어 놓았습니다. 그분은 제가 다니고 있던 고등학교에서 평생을 교직 생활을 하다 은퇴하시고 같은 교회의 권사님이셨습니다. 역사를 좋아하고 역사교육과에 진학을 꿈꾸고 있던 나에게 있어서 '박 권사님'은 존경의 대상이었습니다. 그리고 그분은 제 개인적인 부탁에도 흔쾌히 문명의 시작부터 세계화의 시대까지 역사 기행을 시켜주셨고, 제게 진정한 멘토와 같은 분이었습니다.

　　원서 지원이 한창이던 9월 어느 날, 역사 수업을 마친 권 사님이 어떤 학교를 지원할 예정인지에 대해 물으셨고, 수도권에 있는 대학의 역사교육과에 지원할 구체적인 대학들을 말씀드렸습니다. 예상한 '잘했다' 칭찬 대신 돌아온 대답은 제 예상에서 벗어났습니다.

"포항에 한동대학교라는 대학이 있는데 참 좋다더라. 원서 중 하나만 지원해보는 건 어때?"

　　이름도 들어본 적 없는 대학이었는데 도대체 어떤 대학이길래 권사님께서 추천하시는 건지 궁금하기도 했고, 한편으로는 영천 옆에 있는 포항이라는 지역이 가까워서 마음에 들지 않았습니다. 얼른 부모님의 품을 벗어나야 자유를 만끽하며 유흥을 즐길 수 있을텐데 포항은 당치도 않은 선택지였습니다.

　　제가 신뢰하고 존경하는 '박 권사님'께서 추천하시는 대학이기에 지원은 해야 할 것 같은데 지역에는 남기 싫었기에 고민이 되었습니다. 진학담당 선생님께도 말씀드렸더니 한동대학교에 대해 자세히 알지 못하셔서 선배들 데이터를 뒤져서 10여 년 전에 한 명이 간 적 있는 학교고 입학성적이 꽤나 높다는 것 이외에 소득은 없었습니다.

권사님과 제 부모님이 얘기가 끝나셨는지 부모님께서도 '원서 하나만 한동대 쓰자'고 얘기하셔서 결국에 원서 하나를 사용해서 한동대학교를 지원하게 되었습니다. 당연히 갈 생각이 없던 대학이기에 어떤 대학인지 무슨 전공이 있는지도 제대로 알아보지 않고 그냥 홈페이지 한 번 훑어보고 말았습니다.

하나님께서는 저를 한동으로 보내실 계획이셨습니다. 수능 날 옆자리에 앉은 공부에 전혀 관심 없던 선배가 코골며 잔 덕분에 수능을 시원하게 망치고 집으로 돌아오는 길에 재수를 다짐했습니다.

학생회장 출신에 높은 봉사활동 시간 등 잘 관리되었던 나의 생활기록부는 최저 등급을 맞추지 못해서 무용지물이 되었고, 6개의 대학 중 5개의 대학에서 낙방했습니다. 최저 등급을 필요로 하지 않은 단 하나의 대학이 바로 한동대학교였고, 감사하게도 저는 한동대학교에 합격하게 되었습니다.

'박 권사님'의 추천, 옆자리 선배의 코골이, 부모님의 재수 거부의 우연이 겹쳐 저는 결국 한동대학교에 오게 되었습니다. 지금 생각하면 이 모든 우연들이 한동에 나를 보내시는 하나님의 큰 계획이었던 것입니다.

[한동에서의 훈련, 하나님과의 인격적 만남]

별다른 기대가 없던 한동에 대한 인식이 바뀌게 된 계기는 면접이었습니다. 집으로부터 포항까지 1시간 남짓한 거리를 가며 면접에 어떤 문제가 나올지, 어떤 질문을 할지 생각하느라 밥도 제대로 못 먹고 한동에 도착했습니다. 효암채플에 모여 면접에 대한 설명을 듣고 고사장별로 흩어지는 일정이었기 때문에 효암채플 앞에서 하차했는데, 선배들이 기타 치고 찬양하며 나를 반겨주었습니다. 얼떨떨했고 어색했지만 내심 기분이 좋았습니다. 또 면접을 들어가기 전, 들어갔다 나온 후 선배들이 손을 꼭 잡고 기도해주었습니다. 입학할 당시 선배들이 후배들을 괴롭혀서 사람이 죽는 뉴스를 본 터라 '이런 대학도 있구나'하는 생각이 들었습니다. 이런 한동의 따스함에 한동에 대한 좋은 인상을 가지게 되었습니다.

입학 후에는 훨씬 더 좋은 학교인 것을 알았습니다. 권위적이지 않은 교수님은 늘 우리를 존중하며 대해주셨고, 생활관에서 만난 형들은 우리를 바른 방향으로 인도해주었습니다. 좋은 형, 누나들과 어울리며 그분들의 좋은 영향력을 자연스럽게 받았습니다.

하지만 그분들의 좋은 영향력이 나의 신앙과 직접적으로 연결되는 것은 아니었습니다. 입학 이후 찬양팀에 들어가 매주 찬양을 드리고 섬겼어도 저는 하나님과의 인격적 만남을 가진 적이 없었기에 그저 매주 반복되는 일상 중 하나에 불과했습니다. 풍요 속의 빈곤이라는 말이 있듯 한동공동체 안에서는 신앙이 '좋아 보이기' 딱 좋은 환경이었고, 신앙이 깊어지고 자라나기보다 '다들 신앙이 좋아 보이니까' 나도 따라서 신앙 좋은 사람처럼 보이기 위해 노력했습니다. 껍데기는 화려했지만 내적 성장은 없었던 것입니다.

그러던 중 같은 생활관 옆방 형의 추천으로 1학년 여름방학에 영어한동제자학교(EHDS)에 참여하게 되었습니다. 평생을 신앙인으로 살아왔지만 말씀의 깊이를 더해가지 않던 저에게 상당히 큰 충격이었습니다. 한 달 동안 구원, 복음, 믿음에 대해서 정말 깊은 설교와 나눔, 고민을 하며 신앙에 대하여 의문이 들기 시작했습니다.

"과연 나는 바로 믿고 살아가고 있는가?"

이런 고민을 품고 갔던 필리핀 아웃리치에서 홍수가 나서 예배를 못드리는 줄 알았는데, 그럼에도 예배를 드릴 수 있게 되어 기뻐 우는 한 아주머니를 보고 나의 믿음이 참된 믿음이 아니었다는 것과 우리가 쉽게 드릴 수 있는 예배가 귀한 것임을 비로소 이해하게 되었습니다.

제자훈련이 끝나고 하나님이 더 알고 싶어졌습니다. 그동안 저는 부모님의 믿음으로 구원을 받았다고 착각하며 살아왔다는 것을 절실히 깨달았습니다. 지난 20여년을 낭비하며 살아왔다는 생각에 다른 학문에 집중할 수 없었고, 1학년 때 듣지 않았던 기독교 신앙기초 과목들을 듣기 시작했습니다. '성경의 이해'라는 과목을 통해 우리가 알고 믿는 성경에 대해 더 알게 되었고, '기독교 변증학' 과목을 통해 기독교 신앙의 기초와 논리적 배경에 대해서도 알게 되었습니다. 그래도 더 알고 싶었습니다. 제가 평생을 믿고 의지하며 살아가야 할 하나님이 도대체 누구신지 더 알고 싶었습니다.

그러던 중 군에 입대하게 되었습니다. 살면서 처음으로 남의 눈치를 보지 않고 신앙생활을 할 수 있는 기회가 주어졌습니다. 주일에 귀찮게 교회를 갈 것인가, 아니면 부대에 남아서 쉴 것인가에 갈림길에서 20년 넘게 교회에 가던 '습관'이 저를 교회로 인도하였습니다.

공교롭게도 제가 배치 받은 부대의 선임이 사단 교회에서 주일학교 설교를 담당하고 있었습니다. 저는 한동대 출신이라는 이유 하나만으로 제 신앙의 여부와 상관없이 선임의 권유로 선임이 전역하면 주일학교 설교를 담당하는 것으로 얘기가 되었습니다.

무엇을 하던지 남에게 밉보이고 싶지 않은 성격인지라, 설교를 준비하는데 있어 최선을 다해야겠다는 생각을 하게 되었습니다. 물론 아이들의 공과책을 가이드라인 삼아 조금만 준비하면 되는 설교들이었습니다. 근데 하필이면 설교를 하기 시작하고 얼마 지나지 않아 난관에 봉착했습니다. 설교의 주제가 '하나님은 누구신가?'부터 시작해서 기독교 신앙의 기초가 되는 설교가 시리즈로 나오게 된 것입니다. 이런 주제는 단순히 성경 몇 줄, 공과책 몇 번 읽어본다고 해결할 수 있는 설교가 아니었습니다. 그래서 제가 처음으로 사게 된 책이 이재철 목사님의 '새신자반'이었습니다.

그동안의 하나님을 향한 고민들이 이 책을 통해 완전히 해소되는 경험을 했습니다. 책을 읽는 내내 참 많이 울기도 했고, 회개도 하고, 반성도 했습니다. 20년간 믿었다고 생각했던 제 구원이 사실 부모님의 믿음이었던 것을 알았고, 그때 비로소 나를 너무 사랑하시는 하나님께서는 저를 기다리고 계신 것이 보였습니다. 매주 설교를 준비해 나갈 때 정말 많이 울고, 회개했습니다. 한동에서의 훈련이 내 믿음의 싹을 틔웠고, 결국 군에서 하나님을 인격적으로 만나 신앙이 성장하게 된 것입니다.

하나님을 만나니 가만히 있을 수가 없었습니다. 다른 사람들에게 하나님을 전하고 싶었고, 말씀대로 살아가고 싶었습니다. 하지만 군이라는 곳은 저를 그렇게 호락호락하게 신앙생활을 하도록 해주는 곳이 아니었습니다. 제가 정말 싫어하는 동기 한명이 있었는데, 도무지 사랑할 수 없는 친구였습니다. 하나님을 만나고 하나님께서 나에게 이 친구를 사랑하라고 말씀하셨습니다. 끊임없이 그 친구를 사랑할 것을 말씀하시는데 저는 도무지 사랑할 수 없었습니다. 정말 죽도록 밉고 차라리 사라졌으면 좋겠다고 생각할 정도였습니다.

하나님께 그 친구가 사라지게 해달라고 기도하기까지 했습니다. 성경에 보니 원수는 하나님이 갚으신다는데 왜 저 친구는 안갚으시냐며 투덜거리기도 하고, 때로는 불평도 했습니다. 제가 예수님이 아니니깐 결국 사랑할 수 없다고 합리화도 했습니다. 그러던 어느 날 주님께서 나를 또 찾아오셨습니다.

"너 저 친구 참 밉지? 너가 저 친구를 보는 기분이 내가 죄인
인 널 보는 기분과 다를까? 근데 은식아, 너 그거 아니? 나는
그래도 너를 너무 사랑한단다."

그 사랑이 너무 커서 저는 아무 것도 할 수 없었습니다.
그저 펑펑 울기만 했습니다. 하나님의 사랑을 너무 깊이 깨달
았습니다. 결국 그 친구를 온전히 사랑하지 못하고 전역을 하
게 되었지만 마음으로는 그 친구를 용서했고, 그 친구가 잘
살았으면 좋겠다는 마음을 가지고 있습니다. 중요한 것은 그
친구를 사랑하려고 발버둥치는 과정에서 느낀 하나님 사랑
이 제 인생을 바꿔놓은 것입니다.

[하나님께 받은 은혜의 나눔]
다시 학교에 복학하고 저는 하나의 목표를 가지게 되었
습니다.

"내가 느낀 이 하나님 사랑을 다른 아이들도 알았으면 좋겠다"

저는 그래서 사명자의 마음으로 사람들에게 사랑을
나누는 삶을 살고자 애쓰고 있습니다. 벌써 복학한지 3년째,
이제 졸업을 앞둔 시점에서 지난 3년을 돌이켜 보며 느낀 것

은 저를 통해 작은 변화들이 점점 생겨나기 시작했다는 것입니다.

제가 하나님께 받은 사랑, 선배들에게 받은 그 사랑을 한동에 있는 저의 후배들에게 전해주기 위해 제 소득에서 십일조를 제외하고 1/10을 때서 '구제비'라 이름을 짓고, 어려움이 필요한 친구들이나 이웃에게 나누기 위한 예산을 늘 마련했습니다.

또한 선한 사마리아인처럼 내가 아무리 바쁘더라도 저에게 찾아오는 마음이 어려운 친구들을 외면하지 않고 늘 반겨주었습니다.

제 행동을 보고 누군가 하나님 사랑을 느끼며 하나님께 더 가까이 다가가는 것을 보았고, 누군가 정말 힘들 때 저를 통해 하나님 사랑으로 그 친구를 위로하기도 했으며, 세상을 바꾸기 위해 세상과 다르게 살기로 마음을 먹는 친구들도 생겨났습니다.

돌이켜보면 제가 한 것이 하나도 없습니다.

망나니 같이 살던 인생을 하나님의 뜻으로 한동 땅으로 불러주셨고, 좋은 선배들을 만나 좋은 영향을 받게 하셨으며, 제자훈련으로 인도하셔서 믿음의 씨앗을 심게 하셨고, 군이라는 광야로 불러주셔서 연단 받게 하셨으며, 뜻하지

앓게 주일학교 설교를 맡기셔서 그 과정 중에서 하나님을 만나게 하셨고, 한동으로 돌아와서 하나님 사랑을 나누게 하셨습니다.

저는 아무것도 아니지만 하나님께서 저를 통해 일하셨다는 것이 느껴졌습니다.

하나님께서 솔로몬에게 무엇이 필요하냐고 물으셨을 때 솔로몬이 '지혜'를 구했습니다. 저는 만약 하나님께서 제게 무엇이 필요하냐고 물으신다면 '하나님 사랑'을 구할 것 같습니다.

제가 이 한동 땅에서 배운 하나님 사랑을 사랑이 사라져가는 이 세상 속에 나누면서 세상에 외치며 보여주고, 세상을 바꾸는 하나님의 사람으로 살아가고 싶습니다.

"하나님의 사람은 다르다. 한동인은 다르다."

'나'를 살린 기적

조혜린(18, 전산전자공학부)

우선, 간증을 나눌 수 있는 기회와 시간을 허락하신 하나님께 감사드리고, 제가 고백하는 모든 말들이 진실 되고 하나님의 한량없는 사랑과 은혜만이 기억될 수 있기를 소망합니다.

한동에서 학교를 다닌지 어느덧 8학기가 되었습니다. 4년이라는 시간이 참 빠르게 스쳐 지나가는 것 같습니다. 그리고 한동에서 보낸 4년이라는 시간을 되돌아보면 '은혜'라는 찬양의 '내 삶에 당연한 것 하나도 없었던 것을 모든 것이 은혜 은혜였소'라는 가사가 제 삶의 진정한 고백이 되고 있음을 발견합니다.

한동에 입학할 당시 제 마음과 상태는 엉망이었습니다. 사실 서울을 떠나고 싶었고 도망치고 싶어 도피하듯이 한동에 오게 되었습니다. '나'라는 사람은 하나님 보시기에 기뻐하시는 사람이 아니라는 생각이 들어 '나'라는 사람의 존재를 부정하고 참 많이 저주하였습니다. 하나님께 늘 죄송한 마음이 들었고 항상 죄책감이 저의 마음에 크게 자리 잡고 있었습니다. 이런 '나'가 너무 밉고 싫어서 하나님으로부터 도망치고 싶었습니다. 하나님을 참으로도 참 많이 사랑한 '나'였지만 '나'가 거룩하신 하나님과 그분의 뜻을 더럽히는 존재라고 생각하여 하나님으로부터 멀어지려고 하였습니다. '나'가 '나'를 소중히 대하지 않았고 '나'가 고통 받는 게 마땅하다고 여겼습니다. '나'는 '나'를 포기하고 싶고 버리고 싶었습니다.

이런 '나'의 태도가 너무나도 이해가 가지 않아 조금이라도 '나'라는 존재를 이해하기 위해 한스트가 끝나고 삼일 뒤 학교 상담 센터에 10주 동안 다니며 상담을 받아보기도 했고, 조금이라도 변화해보자는 노력과 의지를 품고 기독교 공동체에 들어가 훈련도 받았으며, 아웃리치로 해외에 나가 복음을 전해보기도 했고, 인간적으로 할 수 있는 최선과 열심을 내며 과거의 '나'로부터 벗어나려고 온갖 노력을 다했습니다. 하지만 제 마음속에 쌓인 자기혐오는 점점 더 강하게 자리 잡았습니다.

그로 인해 '나'를 위해 기도해주고 사랑해준 사람들에게 더 크게 상처를 주었습니다. '나'가 사랑한 사람들에게도 '나'

는 위험한 존재고 '나'는 결국 불행을 주는 존재라며 선을 긋고 멀어지며 더 가까이 다가오는 사람일수록 더 크게 상처를 주며 멀리하였습니다. 당시 올바르게 생각할 수 있는 사고를 갖지 못한 것 같습니다. 자기연민과 자기혐오에 빠져 '나'라는 사람을 소중히 대하지 못하고 사랑하지 못하니, 하나님과의 관계와 다른 사람들과의 관계가 엉망진창이었습니다.

'나'가 사랑하는 사람들을 또 아프게 했다는 죄책감과 하나님을 향한 원망으로 인해 더 증폭된 자기혐오는 결국 '나'의 몸에 스스로 상처를 입게 하였고 정신적인 그 고통에서 벗어나기 위해 신체적인 고통을 주게 되었습니다. 고통을 더 큰 고통과 긴장감을 가하여 벗어나려 하였습니다. 경제적으로 형편이 좋지 않았는데도 불구하고 상태 악화로 인해 결국 약을 복용하며 주기적인 상담을 받아야만 하였습니다. 하루빨리 나아져야겠다는 생각이 들었습니다. 그 이유는 돈을 부담하시는 부모님께 그저 한없이 죄송한 마음이 들었기 때문입니다.

관계의 상처로 인해 오랜 기간 지속된 자기혐오는 쉽게 아물지 않았습니다. 많이 나아졌다 하더라도 때로는 그 덫에 빠져 또 다시 허우적거렸습니다. 휴학을 하지 않고 지속적으로 학기를 다닌 이유는 아무것도 안하는 '나'의 모습을 내가 바라보는 것이 너무 괴로울테고 억지로라도 외부적인 환경 요인에 의해서 무언가를 해야 잠시라도 이 혐오감과 우울감으로부터 벗어날 수 있다고 생각했기 때문입니다.

감사하게도 학기를 다니면서 새로운 환경과 관계들은 우울감과 혐오감에서 벗어나는데 도움이 되었습니다. 좋은 방순이[1]들과 팀원들을 만나며 예전보다 많이 웃는 저의 모습을 발견할 수 있었습니다.

1) 룸메이트를 이르는 한동의 언어

그리고 결정적으로 제가 스스로 옥죄고 있는 부분으로부터 자유로워지고 치유 받게 된 시점은 제가 새섬[2]을 한 시점부터입니다.

2) 새내기 섬김이

"관계로부터 상처를 받고 본인의 상태도 온전치 않은데 왜 남을 섬기기로 난 결단을 하였을까?"

새섬을 하기로 결단한 것은 여러 가지 이유가 있지만, 그 중 하나는 '나'와 비슷한 처지나 그런 사람을 만나 진심으로 도와주고 싶었기 때문입니다. 진정한 위로와 상대의 아픔을 진정으로 공감할 수 있을 때는 내가 그 상황에 처해 보고 겪어 보았을 때 진정으로 도움을 줄 수 있는 것 같습니다. 고통과 아픔을 겪지 않는 이는 아픔의 무게가 얼마나 무겁고 힘이 드는지 이해할 수 없을 겁니다. 하지만 아파보니까 아픔을 겪는 이들의 고통이 눈에 보이게 되고 그 아픔이 스스로를 얼마나 괴롭게 하고 주저앉게 만드는지 이해할 수 있었습니다.

간절히 도움을 받고 싶어도 본인이 어떤 도움을 받고 싶어 하고 필요로 하는지 정확히 모르고 혼란스러운 상태에 있으니, 깊은 내면 속에서는 도와달라고 소리치고 있음에도 불구하고 도움을 요청할 용기와 힘이 없어 결국 표현하지 못하고 마음의 문을 닫게 되는 심정을 이해할 수 있었습니다.

제가 이들의 심정을 이해할 수 있는 것은 저도 한 때 그 누구보다 간절히 도움의 손길을 필요로 한 사람이었기 때문입니다. 그 치열한 내면의 싸움이 얼마나 외롭고 고독하고 자신을 불안하게 만들고 절대로 혼자서는 이 싸움을 감당할 수 없음을 알았기에 그 고통 속에 있는 누군가에게 도움의 손길을 내밀고 함께 옆에 있어 주면서 '너는 혼자가 아니야'라는 인식을 시켜주며 그 아픔을 함께 들어주고 싶었습니다. 그리고 그러한 도움을 줄 수 있는 위치는 새섬이라는 자리에서 실천할 수 있다고 생각했습니다.

한때 엉망진창이었던 '나'의 모습을 돌이켜 보고 그 상황 속에서도 '나'에게 사랑과 손길을 내민 분들의 사랑을 기억하며, '나'가 그분들에게 상처를 준 순간들을 생각하고 한동에 들어오는 새내기 친구들이 어떤 상황과 상태에 있든 내가 상처를 받더라도 묵묵히 섬기기로 결단하였습니다. 그 이유는 죽어가는 한 생명을 살리는 것이 그 어떠한 것보다 더 중요했고 소중했기 때문입니다.

그런 다짐을 품고 새섬을 지원했고 새내기 친구들을 만났습니다.

하지만 제가 다짐한 생각과 상황은 완전히 180도 다르게 흘러갔습니다. 섬기려고 왔는데 제가 더 섬김을 받고 있었습니다. 사랑을 주려고 왔는데 제가 더 사랑받고 있었습니다. 위로해주려고 왔는데 제가 더 위로받고 있었습니다. 이해할 수 없었습니다. 섬김이라는 위치에서 내가 섬김과 사랑을 전해야 하는데 왜 내가 더 사랑받고 있고 위로를 받고 있는지 이해할 수 없었습니다.

하나님께 감사한 동시에 의문이 들었습니다. 한때 사랑을 전하러 온 누군가에게 상처를 주고 눈물을 흘리게 한 '나'인데 왜 이런 '나'를 벌하시지 않고 분에 넘치는 사랑과 위로를 주시는지 도저히 이해할 수 없었습니다. 그리고 왜 하나님이 제게 이런 귀한 새내기 친구들을 내 곁에 두게 하셨는지 섬김을 주고받으며 그 이유를 알 수 있었습니다.

과거 관계의 상처를 통해 받았던 '나'의 아픔을 이 친구들을 내 곁에 두게 하셔서 다시금 관계를 통해 회복하게 하시는 하나님의 인도하심을 볼 수 있었습니다. 자기혐오로 인해 무너진 나의 자아와 자존감이 너무나도 낮은 나에게 하나님이 이 친구들을 통해 지속적으로 말씀하신 것이 있습니다.

"내가 혜린아, 너를 진심으로 사랑한다"

사랑받기를 거부하고 사랑받을 자격이 없다고 스스로를 다그치며 고립시킨 '나'에게 하나님은 '나'라는 사람이 하나님의 사랑을 전심으로 깨닫고 이해할 수 있도록 '나'라는 사람에 맞춰서 다가오신 것이었습니다.

죽어가는 영혼을 살리겠다고 온 나에게 하나님은 죽어가는 '나'의 영혼을 먼저 살리시는 게 중요한 분이었습니다. 남을 소중히 여기면서 '나' 자신을 함부로 대하는 모순적인 '나'를 하나님은 계속 지켜보고 계셨던 것이었습니다. 그리고 그 누구보다 안타까워하시고 마음 아파하고 계셨던 것이었습니다.

섬김을 하면서 누군가를 향한 진정 어린 마음과 위하는 마음이 남한테만 적용되는 것이 아닌 '나'한테도 적용이 되어야 하며 '나'가 그런 사랑받을 자격이 충분하다는 것을 알게 하셨습니다. 저의 새내기 친구들을 향한 진정 어린 사랑과 마음이 하나님도 동일하게 아니, 오히려 그 이상으로 '나'를 향한 마음이셨고 '나'가 얼마나 소중하고 귀하고 사랑스러운 존재인지 그 친구들을 통해 느끼게 하셨고 알려주셨습니다.

사람을 살리는 건 사랑인 것 같습니다. 처절하게 울고 지쳐 쓰러져 아무것도 할 수 없을 것만 같을 때 그때 비로소 하나님은 더 강하게 역사하시는 것 같습니다. 제가 상상하지 못한 방법으로 찾아오셔서 상처투성이인 '나'의 마음을 위로하시고 만남의 축복을 허락하셔서 끊임없이 '나'가 사랑받고 있는 존재라는 걸 말씀해주고 계셨습니다.

'나'가 못 알아들으면 알아들을 때까지 인내하며 계속해서 변치 않고 알려주고 계셨습니다. 결국 그 사랑 때문에 스스로 옥죄고 있던 그 사슬로부터 '나'의 마음이 풀어지고 '나'가 '나'를 용서하고 하나님 앞에 나아가 제 고집과 연약함과 아픔을 모두 다 내어드릴 수 있게 되었습니다. 어린아이처럼 하나님 앞에 목 놓아 울을 수 있음에 감사했습니다. 나의 신음소리조차 들으시는 그분께 감사했습니다. 사람들 앞에서는 속에 있는 모든 것들을 다 터놓고 말하지 못하더라도 하나님 그분께 만큼은 모든 것들을 다 고백하고 터놓을 수 있음에 감사했습니다. 고집불통이고 삐뚤어진 '나'의 마음을 따뜻한 손길로 만져주신 그분께 감사했습니다. 하나님 당신의 사랑이 '나'를 다시 살리셨습니다.

이런 사랑을 섬김의 자리에 있으면서 경험하게 하신 하나님께 참 감사했습니다. 그리고 과거 '나'의 아픔 또한 감사하게 되었습니다. 아픔을 겪지 않았더라면 무관심했을 누군가의 상처들을 바라보게 하시고 진정으로 누군가의 상처를 보듬어주고 공감할 수 있게 하심에 감사했습니다. 하나님께서 '나'라는 이 한 사람을 살리기 위해 찾아오신 것처럼 그 사랑에 힘입어 나도 그 누구 한 사람을 살리는 존재로 쓰임 받고 싶은 마음을 허락하심에 감사합니다.

한 사람의 생명을 살리고 그 사람의 삶에 소망과 사랑을 불어넣는 것이 하나님께서 나에게 주신 사명감이라면 그 한 사람을 살리기 위해 앞으로 내가 어떤 준비를 하고 도움을 줄 수 있을까 고민하게 되었습니다. 그리고 현재 내가 이를 실현하기 위해 할 수 있는 최선은 학업이었습니다. 앞으로 졸업하고 사회에 나아가 누군가에게 실질적인 도움을 주기 위해서는 내가 제대로 배우고 바로 서야한다고 생각했습니다. 그리고 열심히 수고하고 정직하게 일하여 번 돈으로 많은 사람들을 살리고 싶었습니다.

그러기에 저는 하나님께 늘 고백하는 기도제목이 있습니다.

> "하나님, 당신의 뜻이라면 내가 돈을 많이 벌 수 있게 허락하셔서 돈으로 인해 궁핍한 자들에게 실질적인 도움을 줄 수 있게 허락해주소서. 그리고 주님의 뜻이 아니라면 이 또한 순종할 수 있게 하시고 오직 주님 뜻만 이루어질 수 있게 하소서."

그저 감사한 것은 제가 앞으로 미래를 꿈꿀 수 있게 하신 것에 감사하고 소망을 품게 하신 것에 감사합니다. 스스로를 죽이고 싶어 했던 '나'가 하나님의 사랑에 덧입어 회복하고 또 하나님의 꿈이 나의 꿈이 될 수 있기를 간절히 원하고 바라고 기도하는 나의 모습을 발견합니다. 삶의 활력과 목적을 다시 주신 주님께 감사합니다.

현재 하고 있는 학업과 또 마주하는 여러 난관이 참 쉽지 않습니다. 포기하고 싶고 그만두고 싶은 순간들이 참 많습니다. 좌절할 때도 많고 자존심이 상하기도 하고 나의 한계가 여기까지인 것 같다는 생각을 자주 하게 됩니다. 하지만 또 그 안에서 나의 한계를 넘어 일하시고 역사하시는 주님을 발견합니다. 내 힘으로는 도저히 할 수 없을 때 하나님이 역사하셔서 나에게 감당할 수 있는 힘과 지혜를 허락하셔서 능히 또 이를 이겨낼 수 있게 하심을 경험합니다. 그렇기에 지치더라도 또 한편으로는 지치지 않을 수 있는 것 같습니다. 왜냐하면 저는 더 이상 혼자가 아니고 하나님이 함께하고 계시고 있다는 확신을 가지고 있기에 그리고 내가 그 분의 임재 안에 거하고 있기에 두려워도 두렵지 않다고 고백할 수 있는 것 같습니다. 제 연약함을 모두 인정하고 주님께 맡겨드리니 담대한 마음을 허락하신 주님께 참 감사합니다.

앞으로 하나님께서 저를 어떻게 사용하실지 기대가 됩니다. 아마 더 많은 시련과 난관이 찾아올 수도 있을 것이라 예상합니다. 무섭고 두렵습니다. 하지만 한편으로는 감사하고 또 다행이라는 생각이 듭니다. 내가 편안함 속에 안주하여 하나님의 은혜와 사랑을 잊고 살아가기보다는 삶의 현장에서 치열하더라도 하나님의 일 하심을 목격하고 그 안에서 풍성한 은혜를 누릴 것을 기대할 수 있음에 감사합니다. 그리고 깨어있는 사람이 되어 통찰력과 안목을 기를 수 있는 기회를 주실 하나님께 감사합니다.

과거에는 고난을 피할 수 있으면 피할 수 있게 해달라고 기도한 저의 모습이 떠오릅니다. 하지만 이제는 고난 가운데에 있든 행복 가운데에 있든 주님을 잊지 않게 해달라고 그리고 내가 치열함 속에서 경험한 그 따뜻한 당신의 사랑과 그 감격을 잊지 않게 해달라고 기도합니다.

하나님으로부터 멀어지려고 하면 할수록 더 크게 그분의 임재를 느끼게 하시고 제가 그분의 손바닥 안에 있음을 깨닫게 하신 하나님께 감사합니다. 그리고 제가 아플 때 함께 아파하시고 기쁠 때 함께 기뻐하신 주님께 참 감사합니다. 주님이 제 삶에 활력을 불어넣어 주셨기에 제가 다시 일어날 수 있었습니다. 제게 이런 큰 사랑과 복을 주셔서 제가 복의 통로가 되어 하나님의 사랑을 흘려보낼 수 있는 한 작은 예수가 되기를 또한 기도합니다.

제가 주님 앞에 강도 만난 자였고 주님이 선한 사마리아인 되셨음을 항상 기억하며, 오늘도 그리고 내일도 하나님의 사랑을 흘려보내며 주어진 하루의 일상을 감사하며 살아가겠습니다.

왜 하필 예수님을 믿어서

이용석

저는 예수님을 믿는 부모님 사이에서 둘째 아이로 태어 났습니다. 그러나 저는 그 어디에 가서도 절대로 모태신앙이 라는 말을 쓰지 않습니다. 제 자발적인 의지로 하나님을 믿은 것이 아니기 때문입니다.

어릴 적 선교원에 보내졌던 저는 선교원 선생님들께 소 위 아동학대라 말하는 것을 당하여 신체적으로도, 심리적으 로 절대 지워지지 않는 큰 상처를 입었고, 부모님께는 죄송하 지만, 예수님을 믿는다고 말씀하시는 부모님 두 분의 세속적 인 삶의 모습을 보고 자라면서 생각했습니다.

"저렇게 사는 게 크리스천이면 차라리 안 믿고 말지."

그렇게 저는 교회와 예수님, 크리스천들을 멀리하다 못

해 아예 증오심을 품으며 살아왔고, 길 가다가 누가 전도지를 나눠주면 감정적으로 욱하면서 보는 앞에서 찢거나 얼굴에 던지기도 했습니다.

이러고 살아왔는데 대체 무슨 낯짝으로 어디 가서 모태신앙이라고 당당하게 말할 수 없었습니다. 그러나 아이러니하게도 한동대로 오게 되었고, 하필이면 그렇게도 싫어하던 예수님을 영접하게 되었습니다. 고등학교시절 소위 인서울 대학교에 진학하기 위해 내신성적을 잘 유지하고 있었고, 수시로는 논술을 준비하며 성실하게 준비하고 있었습니다. 그러나 막상 수능을 치르고 나니 상황이 역전되었습니다. 믿을 수 없는 결과가 나와 혹시라도 수험번호가 잘못 기재됐거나, 답안을 밀려 썼다든가 하는 이유는 아닐까 싶어 수능평가원에 전화하면서까지 다 알아봤지만, 결국 그것은 이상 없는 제 점수였습니다.

부모님께서는 그래도 그 성적으로라도 원서를 한번 써보든지, 차라리 재수해보는 것 어떻겠냐는 등의 권유를 하셨지만, '초중고 12년의 결과가 이 모양인데 1년 더 재수한다고 무엇이 바뀌겠는가?'라는 생각에 전혀 귀에 들어오지 않았습니다.

그럼에도 부모님과의 상의를 거쳐 일단은 원서는 넣어

보기로 했고, 결국 담임 선생님께 원서에 쓸 대학을 추천을 받아 보기로 했다. 당시 우리 담임 선생님께서 고3 담임만 17년차이셨고, 웬만한 입시 설명회는 다 돌아다니시면서 입학 관련 자료들을 수집하신 베테랑이셨습니다.

담임 선생님께서 가, 나, 다 세 군데에 각각 대학들을 추천해 주셨는데, 그 중 다 군에는 한동대를 추천해 주셨습니다.

생전 처음 들어보는 한동대학교 였습니다.

저는 추천해 주신 각 학교가 무슨 특별한 곳이어서가 아니라, 단순히 그저 담임 선생님의 입시에 대한 안목으로 골라 주신 최선의 선택지들이겠거니 하는 마음으로 별 관심을 안 가졌습니다. 한동대는 뭐 한국의 동쪽에 있어서 이름을 한동대라 생각 없이 지었나 보다 하고 넘어갔습니다.

그런데 정시 합격 발표가 나면서 가, 나 군은 떨어졌는데, 다 군인 한동대가 1차 합격했다는 소식이 들렸습니다. 그때부터 여기는 뭐하는 곳인가 하고 처음으로 홈페이지에 들어갔습니다. 근데 무슨 놈의 하나님의 대학, 기독교 어쩌고저쩌고 하는 말을 보자마자 저는 인상을 찌푸렸습니다. 하나님, 교회, 예수 그리스도 등, 제가 싫어하는 단어는 다 들어있었습니다.

"이런 데에 갈 바엔 그냥 대학을 안 가고 말지."

바로 홈페이지 창을 닫았습니다. 그러나 부모님께서는 제가 설사 그 대학을 안 가더라도 인생의 좋은 경험이 되니 2차 면접을 준비해보라고 종용하셨습니다. 그 말 자체에는 동의해서, 홈페이지에서 전년도 면접 질문들을 열람해봤습니다. 그러나 질문의 색채가 기독교스러운 것들이 있었고, 답변 또한 기독교 대학에 입학하려는 학생에 걸맞게 준비해야 한다는 불쾌한 압박이 느껴졌습니다.

하기가 정말 싫었지만, 담임 선생님께 도움을 받아 면접에 나올 만한 예상 질문들을 준비해 주셨습니다.

"학생은 왜 이 대학에 지원하게 되었나요?"
"그러게요……. 저는 하나님도 안 믿고, 수능에서 삐끗하고는 어쩌다 보니 억지로 오게 됐습니다."
"너라면 그런 학생을 뽑고 싶을까?"
"저도 이런 학교는 안 뽑히고 싶습니다."
"용석아, 그래도 일단 준비하는 것만큼 최선을 다 해보자. 가고 말고는 어차피 네 선택이야."
"그럼 제가 어떻게 답변해야 할까요? 마음에도 없는 거짓말을 억지로 지어내는 건 질색인데……."
"소설 쓰는 게 싫고 다른 사람에게 진심으로 보이고 싶다면, 네

삶이 드러나도록 말하면 되지. 네 인생의 목표, 비전, 삶의 동
기들이 드러나게끔."

한 템포 쉬고는 담임 선생님은 내게 이렇게 물으셨습
니다.

"용석아, 넌 왜 살아?"
"죽지 못해서 삽니다."
"그럼 죽으면 어떻게 돼?"
"죽으면 뭐…… 그냥 죽겠죠."
"그럼 지금 죽으라 하면 죽을 수 있어?"
"아니요……."
"죽고 싶어하는 사람은 없어. 그 누구든지 의미 있게 살다가 가
고 싶어하지. 용석이 넌 의미 있는 인생이 뭐라고 생각해?"
"……행복하게 사는 삶 아닐까요?"
"그럼 행복이 뭐라고 생각해?"

이런 식으로 몇 가지 철학적인 질문과 대답이 오갔습니
다. 그러면서 발견하게 된 것은, 곧 성인이 될 나에게 나의 삶
의 근본적인 물음들에서부터 조차 저는 하나도 답이 준비되
어 있지 않다는 것을 알게 되었습니다. 이러한 근본적인 질문
들에 대한 해답도 없이, 저는 그냥 아무렇게나 좋은 인생을

살려고 했던 것입니다. 계속 질문만 던지시던 담임 선생님께서는 내게 이렇게 말씀해 주셨습니다.

"이 질문들에 대한 답을 찾고 싶다면, 그 학교로 가 봐. 어느 정도 도움을 받을 수 있을 테니까."

나중에 알고 보니 선생님은 크리스천이셨습니다. 하지만 당시에 나는 그러거나 말거나 이미 내 마음속에는 이 학교에 대한 관심은 추호도 없었고, 면접도 준비하는 척만 했습니다. 그러면서 시간만 보내고 있었는데, 갑자기 한동대 입학처에서 2차 면접 전 날에 정시 전야제(前夜祭)가 있으니 포항으로 내려오라는 문자가 왔습니다.

"이 학교 참 사람을 귀찮게 하네?"

짜증이 나긴 했지만 인생 처음이자 마지막 대학 축제 경험이라는 생각을 했습니다.

"내 친히 서울에서 포항까지 내려가 주지."

그러나 그 날 하루 종일 있었던 일들을 잊을 수 없었습니다. 한동대 버스 정류장에서 하차한 순간부터 어디서 봤다고 아는 척하며 나를 반기는 사람들, 관심을 가져주며 불쑥 말을 거는 사람들, 도움을 구하지도 않았는데 먼저 도움을 받게 되고, 모르는데 지나가던 분들께 인사를 받고……. 익숙치 않은 과한 친절에 다소 놀랐습니다.

"이 사람들 왜 이리도 순박하지? 여기 학교는 호구들만 모였나?"

그러다가 효암채플에 들어서서 몇몇 동아리들의 공연을 보고, 교수님들과 총장님께서 나오셔서 우리 학교가 어떤 학교인지를, 어떤 비전과 가치들을 품고 있는지를 나눠 주셨습니다. 들으면서 신기했습니다. 왜냐하면 그 가치들이 일반적인 대학들이 추구하는 것들과는 사뭇 다른 아니, 전혀 다른 차원의 것들이었기 때문입니다. 그들 나름대로 신앙적인 근거와 토대 위에 세운 것들이겠지만, 당시에 나는 인류애의 관점으로 보아도 꽤 괜찮다고 여겼습니다. 한 마디로 뭔가 이 학교는 NGO 단체 같다는 느낌을 받았습니다.

그 후에 내가 앉아 있던 장의자 당 남녀 한 쌍씩 면접 도우미들이 붙었고, 이들에게 다시 한 번 저는 부담스러운 관심을 받았습니다. 서로 인생 얘기도 나누고, 각자 한동에 어떻게 오게 됐는지도 얘기하고, 먼저 온 선배로서 이곳에서 경험한 삶에 대해 듣게 되고……

"이곳은 대학일까, 교회일까?"

한국에 이런 대학도 있구나 하면서 혼란스러워하고 있는데, 그 날 하루 묵게 된 국제관 4인실로 이동하니 2부가 기다리고 있었습니다.

"어서 와요! 우리 썰 풀죠?"

이미 먼저 와있던 3명이 나를 언제 봤다고, 갑자기 또 반겨주었습니다. 그러면서 또 시작되는 허심탄회한 대화……. 그러다가 기다렸다는 듯이 쏟아져 나오는 각자의 간증들……. 누구는 어떻게 살다가 예수님을 어떻게 믿게 되었고, 한동에 어떻게 오게 되었다고 말하면서 눈물 콧물을 질질 흘리고, 누구는 선교사 자녀로서 타지에서 살다가 목숨을 위협받았던 이야기들을 꺼내고, 누구는 또 목사님 자녀랜다…….

저는 그냥 조용히 있었습니다.

그러다가 벌써, 아니 이미 넘어버린 취침 시간……. 잠자리에는 누웠으나, 그 날 하루 종일 있었던 일들이 생각할수록

생시 같지 않아서 밤 산책을 하러 나갔습니다. 학교를 돌고 있는데, 갑자기 옆에 차 한 대가 지나가다 멈춰서 사람이 내리더니 물었습니다.

"면접 보러 왔니?"

나는 그렇다고 대답하였는데, 그 분이 갑자기 와보라고 하시더니 꼭 껴안는 것이었습니다.

"올해 3월에 학교에서 보자."

이 말을 잊을 수 없습니다. 그 말을 듣자마자 갑자기 마음이 녹아내리면서 눈물이 터졌습니다. 그 이유는 지금도 모릅니다. 그리고 그 분께 죄송하게 되었습니다. 왜냐하면 본래 준비를 안 했던 만큼 다음 날 면접을 제대로 망쳤기에…….

그렇게 그 해의 3월, 비록 난 포항에 있게 되진 않았으나 재수학원에 있게 되었습니다. 포항에서 다시 서울로 올라오자마자 자는 부모님께 재수를 결심했다며, 한동대를 목표로 하겠다고 오히려 설득을 했습니다. 이곳은 우리가 아는 그런 일반 대학이 아니라고, 여기는 내 인생의 4년이라는 시간과 돈을 투자해도 아깝지 않은 곳이라고 설명을 했습니다.

시간이 흘러 전 두 번째로 수능 시험을 치렀고, 결과는 기대한 만큼 나와서 솔직히 욕심이 나기도 했지만, 결국 본래 다짐하고 약속한대로 한동대에 지원하였고, 면접을 제대로 준비해서 최종 합격까지 통보를 받게 되었습니다.

아이러니하게도, 막상 한동대에 합격하고 나니 가고 싶지 않았습니다.

"여기가 그래도 기독교 대학인지라, 가면 사람들이 날 전도하려 들겠지? 헉, 그럼 난 4년 내내 그 안에서 전도 당하며 살겠네?"

그 당시 저는 누군가를 전도한다는 게 길거리에서 "도를 아십니까?" 하는 것과 별반 다를 바 없다고 생각했기에, 상상할수록 끔찍해서 몸서리를 쳤습니다.

그래서 결심했습니다.

"전도 당하지 않기 위해, 내가 먼저 크리스천인 '척' 하자."

그게 당시 제가 생각한 유일하게 전도 당하지 않을 해법이었습니다. 제가 준비한 것은 총 4가지였습니다.

주기도문 외우기, 사도신경 외우기, 주일마다 사람들과 교회에 가기, 십자가 목걸이 차고 다니기. 솔직히 이 정도 정성이면 웬만하면 의심 안 하지 않을까 하는 심산이었습니다.

그렇게 저는 정말로 한동대에 왔고, 새내기들과 새섬들을 만났으며, 팀 사람들과 교수님을 만났고, 준비한대로 계획해온 것들을 실행에 옮겼습니다. 처음에는 그럴싸하게 전략이 잘 먹혀들었습니다.

그러나 '척' 하는 것도 한계가 있었습니다. 매일, 매순간을 연기하며 사는 게 사는 것 같지 않았습니다. 내 인생이 아닌 다른 누군가로 연기하며 지낸다는 게 얼마나 큰 스트레스인지…… 그 스트레스는 날로 커져만 갔습니다. 게다가 마음속 부담도 함께 커져만 갔습니다. 왜냐하면 연기를 하려면 어쩔 수 없이 마음에도 없는 거짓말을 지어내야만 하는 순간들이 오기 때문이다. 그런데 문제는 시간이 지나면 제가 했던 말들을 잊기 시작한다는 것입니다. 남들이 보기에 제 스스로 제가 한 말을 어기게 되고, 그게 쌓이다 보면 사람들에게 의심을 사게 될 것이 뻔했습니다. 그래서 저는 더욱 눈치를 보게 됐고, 제가 한 말들을 일일히 기억하기 위해 항상 예민하게 신경을 세우고 살아야 했으며, 마음과 머리가 늘 복잡하게 되니 후에는 학업이고, 인간 관계이고, 뭐고 그냥 다 지쳐서 포기하고 싶어졌습니다.

그렇게 한 달을 버티다가 결국 저는 한 달 만에 중도 휴학을 결심하게 됐고, 먼저는 부모님께 이 사실을 알리기 위해 전화기를 꺼내든 그 순간, 갑자기 같은 팀에서 만난 어느 형한 분께 전화가 걸려왔습니다.

전화를 받자마자 그 형은 갑자기 심각한 듯한 목소리로 물었습니다.

"용석아, 혹시 요새 무슨 일 있어?"

순간 소름이 돋았습니다.

"어떻게 알았지? 분명 아무한테도 말 안 하고, 티도 안 내고 다녔는데?"

그러나 저는 반사적으로 곧 바로 태연하게 말했습니다.

"아뇨, 아무 일도 없어요. 왜요?"
"그래? 아니. 내가 지금 아는 어떤 동생을 위해 중보기도해 주려고 다윗의 장막학생회관 2층 기도실에 와있는데, 이 친구를 위한 기도를 하는데 갑자기 전혀 뜬금없이 너에 대한 기도가

막 나오는 거야. 그래서 '어, 뭐지……?' 하는 생각에 심상치 않음을 느끼고 너한테 연락해봤어. 정말 아무 일도 없는 거지?"

"으음, 네……."

"그래, 알았어. 내가 착각했나 보다. 미안~!"

"……아, 아니! 형 잠깐만요! 사실 저 무슨 일 있어요!"

그 순간에 본능적으로 그냥 느껴졌습니다.

"이 기회를 놓치면 끝이다."

마지막 지푸라기를 꼭 잡아야 한다는 심정으로 그 형을 붙잡았습니다.

그 날 밤, 저는 그 형에게 지난 모든 사실들을 이실직고했고, 그 형은 처음에는 받아들이기 힘들어 하시면서 얼굴도 붉히셨다가도 끝에 가서는 오히려 측은한 마음이라도 들기라도 하신 듯이 온화한 표정으로 경청해 주었습니다. 새벽까지 이어진 우리의 대화 끝에 그 형은 내 손을 붙잡고 기도해 주었고, 그 날 이후로 나는 그 형과 함께 성경 공부를 시작했습니다.

처음에 그 형이 먼저 내게 성경 공부를 하자고 제안했는데, 제가 이유를 묻자 그 형은 대답했습니다.

"널 살려주려고."

　당시에 전 그것이 내가 성경도, 교회 문화도 모르는 채 연기를 지속하려니 힘든 부분이 많아 성경 공부를 통해 앞으로 더 연기하는 데에 도움을 주고자 한다는 의미로 받아들였습니다. 하지만 이제는 압니다. 그 형은 제 영혼을 구원하고자 하셨던 것인 줄.

　그렇게 전 제대로 된 복음을 그 형을 통해 전해 들으면서 자연스레 예수님을 영접하게 되었습니다. 여기 21세기에 거짓말하다가 예수님 믿고 구원받은 사람이 있습니다. 누구들의 간증들처럼 어떤 극적인 상황에 몰려서 한순간에 기적적으로 예수님을 믿게 된 케이스는 아닙니다.

　저는 한 명의 그저 겁쟁이였을 뿐이고, 한동대에 온 것부터 목적 없이 오히려 기독교에 대한 증오와 반감으로 똘똘 뭉쳐, 그 어떤 크리스천들과도 상종하고 싶지 않았습니다.

　어떻게든 나와 다른 무리 속에서 어울리고 살아남고자 했던 나름대로의 내 계획이 사람들에게 받은 사랑으로 온전히 무너지게 됨으로써, 하나님은 그렇게 내 삶의 전부가 되어주셨습니다.

　그럼에도 불구하고 하나님께서는 저를 자녀로 삼아주

셨습니다. 제 삶의 주인이 되어주셨습니다. 제 삶의 전부를 받아주셨습니다. 단 한 번도 하나님 앞에 예쁨 받을 만한 그 어떠한 말이나 행동도 하지 않았음에도 불구하고, 그럼에도 하나님은 저를 사랑해 주셨습니다.

하필이면 이런 아무 쓸잘데기 없는 저로 하여금 예수님을 믿게 하시고, 하나님 나라의 소망을 품도록 하시기 위해서, 자신의 전부를 드려 십자가에 매달리셨습니다. 대체 무엇을 위해? 이해할 수가 없습니다.

그렇게 하나님은 지금도 변함없이 저를 사랑하고 계십니다. 그리고 언제나 저를 위해 제가 세운 계획보다 더 크고 완벽하고 놀라우신 계획을 갖고 계십니다.

> "하나님, 왜 하필 나로 하여금 예수님을 믿게 하셔서 이리도 분에 넘치도록 감사함을 드리도록 하시는지요……. 왜 저를 살리셨는지요……."

감사합니다, 아버지.

하나님의 대학;
사랑, 겸손, 봉사

최선우(17, 커뮤니케이션학부)

"하나님의 대학, 한동대학교에 오신 것을 환영합니다."

부푼 마음으로 한동대학교에 입학한 게 엊그제 같습니다. 어느새 5년이라는 세월이 훌쩍 지났는데요, 긴 시간이 지났기에 한동의 모습은 많이 변하기도 했습니다. 새로운 건물이 생기고, 새로운 교수님들도 볼 수 있습니다. 그리고 총장님도 새롭게 바뀌는 시기에 있죠. 많은 것이 변했음에도 아직까지 이 곳 한동은 제게 아주 소중합니다. 왜냐하면 한동을 소망하던 수험생 때부터 한동은 저의 삶에 가장 큰 영향력을 미쳤고, 지금도 제 삶에서 꾸준히 성장의 발판이 되기 때문입니다.

한동의 슬로건인 'Why not change the world?'와 한동대

학교 교훈인 '사랑, 겸손, 봉사'로 하나님께서는 저에게 계속 말씀하시고 도전을 주십니다. 저를 통해 일하시는 하나님의 크신 계획을 소개하겠습니다.

"Why not change the world?"
"세상을 바꾸자! 근데 어떻게?"

많은 한동의 학생들은 세상을 바꾸자는 이 슬로건에 반해 한동대학교에 왔습니다. 저도 마찬가지입니다. 이전의 저는 세상의 기준 속에서 그저 좋은 대학, 좋은 직장이라는 막연한 목표를 가지고 있었습니다. 하지만 세상의 기준에 따라가는 것이 아닌 세상을 바꾸자는 한동의 슬로건을 듣고 마음이 부풀어 올랐습니다. 이후로 저는 한동에 소망을 품은 사람이 되었습니다.

한동대학교에 입학하고 세상을 바꾸자는 목표를 세웠지만 이를 달성하기엔 너무 어려웠습니다. 세상을 바꾸기는 커녕 세상에 따라가기도 벅찼기 때문입니다. 또한 세상을 바꾸자는 메시지가 너무 막연하게만 느껴졌습니다. '무엇으로 세상을 바꾸지?', '어떻게 세상을 바꾸지?'와 같은 질문들이 머리 속을 맴돌았습니다. 하지만 한동의 커리큘럼은 이에 대한 답을 내려주었습니다.

"맑은 컨텐츠로 세상을 바꾸자."

커뮤니케이션학부의 슬로건입니다. 세상은 무엇으로 바꿔야할까요? 전공마다 다르겠지만 커뮤니케이션학부에서는 슬로건에 그 답을 내리고 있었습니다. 이후 저는 맑은 컨텐츠에 대해서 깊이 고민하고, 교수님들의 질 높은 수업을 통해 세상을 바꾸기 위한 걸음을 걸어가고 있습니다.

제가 정의내린 '맑은 컨텐츠'는 '지친 삶을 사는 사람들에게 힐링과 웃음을 주는 컨텐츠'라고 생각했습니다. 우리 사회는 매우 바쁘게 돌아갑니다. 때문에 자기만을 신경 쓰기에도 바쁜 삶을 살아가고 있습니다. 서로를 배려하지 못하고, 이해하지 못합니다. 때문에 기쁨과 웃음이 사라지고, 어려움이 생길 때 홀로 고통 받기도 합니다. 저는 이러한 사회 속에서 사람들에게 웃음을 주는 컨텐츠가 맑은 컨텐츠라고 생각했습니다. 자극적인 웃음이 아닌 회복을 주는 웃음입니다.

세상을 바꾸자는 한동의 슬로건에 반해 이를 실천하고자 한동에 왔습니다. 이곳에서의 배움을 통해 무엇으로, 어떻게 세상을 바꿔야하는지 알 수 있었습니다. 한동대학교에서 다시 설정한 제 삶의 목표를 위해 지금은 많은 공부와 활동을 하고 있습니다. 좋은 언론이 무엇인지 배우며, 나의 생각을 어떻게 잘 표현할 수 있을 지 공부하고 있습니다. 또한 나타내고자 하는 바를 온전히 전달할 수 있는 영상을 제작하는 데 힘쓰고 있습니다. 저를 통해 세상을 바꾸는 큰 뜻을 이루실 하나님의 계획하심이 매우 기대가 됩니다.

[사랑: 하나님 사랑, 이웃 사랑]

고린도전서에서 바울은 '믿음, 소망, 사랑 중에 제일은 사랑이라'고 편지를 썼습니다. 한동대학교에서도 가장 중요하게 생각하는 것은 사랑이라고 생각합니다. 교훈의 가장 먼저에 사랑을 얘기하고, 많은 한동인들에게 한동의 장점을 물어보면 열에 아홉은 사랑이라고 답하기 때문입니다. 사랑에는 많은 대상과 종류가 있겠지만 저는 한동대학교에서 하나님을 사랑하고 서로를 사랑하는 법을 배웠습니다.

하나님의 대학이라는 이름에 걸맞게 한동에서는 하나님을 찾을 수 있는 자리가 아주 많습니다. 신입생 오리엔테이션인 HanST에서부터 하나님께 예배하는 한동대학교는 저에게 큰 충격이었습니다. 이후 모든 동아리와 공동체 등에서 하나님을 찬양하고 예배하는 모습을 보며 이곳에서 하나님을 더 알아갈 수 있겠다는 마음에 기대가 되었습니다. 매일 5시 반에 진행되는 '새벽에 벌떡' 예배, 밤에는 '끝시간 예배'와 '강물 예배' '수요일 채플', '일주 예배'까지 많은 예배와 기도의 자리는 하나님을 더욱 사랑하기에 모자람이 없었습니다. 이밖에도 저는 '하나님의 심정' '하심'과 '한동 사랑의 동산' 등의 과정을 통해 하나님을 더욱 알아가는 시간을 가졌습니다.

특히 저는 생활관 내의 사람들과 함께 이야기를 나누며 하나님을 사랑하는 마음을 키워나갈 수 있었습니다. 한동의 선배, 믿음의 선배들과 학교 생활 및 신앙적 고민들을 나누며 어려움을 해결해 나갈 수 있었습니다. 이러한 과정을 통해 저는 지금도 하나님을 사랑하고 신앙을 지키기 위해 노력 중이며 후배들에게 하나님의 사랑을 전하기 위해 많은 시간을 투자하고 있습니다.

또한 저는 주변의 친구들을 사랑하게 되었습니다. 하나님을 사랑하는 마음으로 주변을 돌아보니 사랑하지 않을 사람이 없었습니다. 예전에는 어떤 일을 하던 인간관계가 제일 힘들었습니다. 민감하고 예민한 성격 탓에 부정적인 상황에 놓였을 때도 있었고 맞지 않았던 사람들도 있었습니다. 하지만 하나님의 사랑 안에서 모두 포용할 수 있었고, 긍정적으로 생각하며 함께할 수 있었습니다.

한동대학교 내에선 수많은 공동체가 있습니다. 새내기 섬김이와 동기 새내기 공동체에서부터 1년간 함께하는 팀모임 공동체, 팀 프로젝트, 다양한 활동에서 만나는 공동체 등 정말 많은 사람들과 함께하게 됩니다. 이러한 한동의 특징은 학생들에게 서로 사랑하는 훈련이 됩니다. 저 또한 학교에서 많은 활동을 하며 다양한 사람들을 알게 되었습니다. 지금도 많은 사람들과 함께 지내며 교내에서 사랑을 실천하고 있습니다.

하나님의 대학, 한동대학교에서 우리는 하나님을 사랑하고, 서로를 사랑할 수 있습니다. 이곳에서의 경험이 예수님께서 가르치셨던 '하나님 사랑, 이웃 사랑'을 몸소 실천하는 계기가 되었습니다. 한동 생활을 벗어나 사회로 나간다면 더 많은 사람들을 만나게 됩니다. 따라서 하나님의 이끄심으로 이곳에서 배웠던 사랑은 사회 속에서도 선한 영향력을 발휘할 것입니다. 서로가 사랑으로 함께할 수 있는 할 수 있는 사회가 한동대학교를 통해, 저를 통해 만들어지길 소망합니다.

[겸손: 공동체 생활로 겸손을 배우다]
저는 어렸을 때부터 자신감이 넘쳤습니다. 공부도 곧잘 하고, 운동도 빠지지 않고, 섬세하고 꼼꼼하여 항상 우등생

의 자리에 있었습니다. 하지만 그래서일까요? 겸손하지 못했습니다. 겉으로는 착하고 배려있게 이야기하지만 그 내면에는 남을 깔보고 무시하는 경향이 있었습니다. 한동대학교에 처음 왔을 때도 저는 이러한 모습이 보였습니다.

저는 1, 2학년 때 한동대학교 홍보대사 활동을 했습니다. 활동의 주된 내용은 학교를 방문하는 손님과 캠퍼스 투어를 하거나, 수시 면접 등에서 봉사를 하거나, 외부의 고등학교를 찾아가 한동대학교를 홍보하는 일이었습니다. 이를 위해서는 좋은 스크립트와 글을 써야하고, 이를 외우는 실력이 충분해야 했습니다. 또한 공동체의 일이기에 모든 일을 함께 해야 했습니다.

하지만 저는 저 자신이 가장 뛰어나다고 생각했기에, 다른 사람을 믿지 못하고 혼자서 모든 일을 처리하려 했습니다. 그렇게 되면 당연히 일을 완벽히 처리할 수 없는데도 말이죠. 결국 혼자서는 모든 일을 처리할 수 없음을 깨달은 저는 공동체원들과 함께 일을 하게 되었습니다. 이윽고 타인을 무시하고 나만을 세웠던, 겸손하지 못했던 저의 생각은 박살나게 되었습니다. 상상 이상으로 다른 사람들이 좋은 능력을 가지고 있었고 어쩌면 저보다도 더 좋은 실력을 가지고 있었습니다. 이러한 계기로 저는 겸손을 생각하게 되었습니다.

이후로도 저는 다양한 사람들과 함께 만나며 많은 활동을 진행했습니다. 그러나 겸손의 마음으로 후배라고 무시하지 않고, 일의 경험이 없어도 존중하며 일을 진행했습니다. 또한 혹여 좋은 성과를 이루어도 나의 능력이 아닌 도와준 사람들을 세우고, 우리와 함께한 하나님을 높이는 사람이 되었습니다.

학생들 사이에서 MBTI가 굉장히 유행합니다. 저는 ENTJ 성격 유형을 띄고 있습니다. 쉽게 말하면 엄청난 리더 유형을 띄고 있다는 것입니다. 하지만 저는 학교에서 리더의 경험이 많지 않습니다. 리더보다 오히려 다른 사람을 섬기고 세워주는 역할을 많이 맡았습니다. 이를 통해 저는 하나님의 일하심을 느낍니다.

겸손함이 부족했던 제게 리더의 자리를 맡겼다면 그 결과는 오로지 저를 위해서였을 것입니다. 또한 결과를 중시하기에 함께한 팀원들과도 좋지 않은 관계가 형성되었을 것입니다. 이를 아시고 하나님께서는 제게 리더의 자리보다는 보다 더 겸손할 수 있는 자리를 마련하셔서 나보다는 타인을, 나보다는 하나님 당신을 높일 수 있게 하셨습니다. 주님의 계획 속에 제가 겸손함이 갖춰질 때, 세상을 변화시키는 리더가 되기를 기대하고 소망합니다.

[봉사: 받는 것보다 주는 것이 더 큰 기쁨입니다]

성경을 읽거나 주변에서 이러한 얘기를 많이 들었습니다.

"받는 것보다 주는 것이 더 기쁨입니다."

하지만 저는 이 말에 공감하지 못했습니다. 자본주의 시장 속에서 당연히 주는 게 있으면 받는 게 있어야 하고, 내 돈을 쓰면서 주는 것보다 받는 것이 더 큰 기쁨이라는 것은 누구나 아는 사실입니다. 하지만 예수님께서 받는 사랑보다 주는 사랑을 강조하시고, 바보같이 살았던 것처럼 저 또한 예수님을 닮기를 원했습니다. 그리고 속는 마음으로 봉사하고 섬기기 시작했습니다. 저는 2021년도 새내기 섬김이로 지원했습니다.

결과적으로 저는 예수님께서 말하셨던 주는 기쁨이, 섬기는 행복이 무엇인지 잘 느낄 수 있게 되었습니다. 이전에는 누군가에게 밥 한끼 사주기도 아까웠던 제가 사랑하는 21학번 친구들을 위해 기쁜 마음으로 밥을 사주고 간식을 사줍니다. 또한 이들과 함께 즐거운 시간을 보내거나 여러 가지 고민을 나누는 등 저의 시간을 기쁜 마음으로 사용합니다.

이러한 섬김의 마음, 봉사의 마음은 이제 21학번 친구들

뿐 아니라 주변의 모든 사람들에게 뻗쳤습니다. 대단한 봉사가 아니더라도 다른 사람을 위해 진심어린 응원의 한마디, 격려의 한마디를 해주고, 이를 위해 기도하는 것이 큰 기쁨이 되었습니다. 또한 기회가 된다면 식사를 하거나 음료를 마시는 등의 시간을 가져 지속적인 관심을 가지게 되었습니다.

내가 봉사를 받아도 모자를 판에 다른 사람을 위해서 봉사하고 시간과 돈을 투자하는 것은 굉장히 좋지 않다고 생각했습니다. 물론 봉사가 쉬운 일은 아닙니다. 하지만 타인을 섬기는 마음으로 봉사할 때에 저는 이제 더 큰 기쁨을, 더 큰 보람을 누리게 됩니다. 또한 누군가를 섬기는 것이 어려운 것임을 알기에 저를 섬겨주는 사람들, 저를 챙겨주는 사람들에게 더 큰 감사를 하게 되는 좋은 순환 효과가 일어나게 되었습니다.

한동이 말하는 가치는 헛되지 않습니다. 세상에서 볼 때에는 바보 같고, 허무맹랑한 소리 같지만 정말 한동에서는 세상을 바꾸기 위해, 사랑과 겸손, 봉사를 실천하기 위해 노력하고 있습니다. 그리고 저를 포함한 많은 학생들은 이 가치에 감화 받고 삶이 변하고 있습니다.

저는 하나님을 믿는 사람으로서, 하나님의 대학교에 재학 중인 학생으로서 세상을 바꾸기 위해 열심히 노력할 것입니다. 시장의 논리 속에 갇혀 그저 사회를 돌아가게 하는 톱니바퀴로 살 것인지, 물론 너무 어렵지만 세상을 바꾸기 위해 끊임없이 고민하며 정진하려 합니다.

한동대학교에서 배우는 가치로 앞으로의 제 삶을 이끌어 가실 하나님의 크신 계획을 소망하며 열심히 달려가겠습니다.

한동대학교는 또 하나의 대학이 아닌 '하나님의 대학'입니다.

제1회 한동대학교 재학생 간증수기 수상작

갈대상자에서
건진 보배

초판 1쇄 발행　　ㅣ 2022년 1월 24일

지 은 이　　　ㅣ 한동대학교 학부모기도회
펴 낸 곳　　　ㅣ JC커뮤니케이션
등록번호　　　ㅣ 제2007000035호(2007.4.24)
주　　　소　　ㅣ 경기도 파주시 탄현면 하늘소로 16
전화번호　　　ㅣ 031-946-1972
팩　　　스　　ㅣ 02-6280-1793